APPENDIX VERGILIANA

维吉尔附录

Also by Simon M. Yiyang

The Eclogues: a Chinese translation
The Georgics: a Chinese translation
The Marriage Ritual: a logical novel

APPENDIX VERGILIANA

a Chinese translation

维吉尔附录

拉汉对照

Simon M. Yiyang 译注

First Edition MMXXIII

Published by Hyperimmune Books

Suwanee, GA, United States

PB ISBN: 979-8-9867759-6-8

HB ISBN: 979-8-9867759-7-5

1 2 1 1 1 1 1 1 6 6 6 6 6 6 6 6 3

Musae dulci, divini poetae.

献给甜美的缪斯，
献给神样的诗人。

Res Qvae Hoc Libro Continentvr
本书辑录

About the Authorship

Appendix Vergiliana consists of a number of minor poems traditionally accredited to Vergil, the beloved poet of Muse. It is extremely unlikely that Vergil authored every poem in the *Appendix*. However, it is as well extremely unlikely that Vergil authored none of them.

One has to keep in mind that Vergil himself probably had no plans to publish any of these poems. Flaws, imperfections and inconsistencies are very much inevitable.

About the Translator

Simon M. Yiyang is a logician from Serica, according to Vergil. He and his family are now living in Georgia, USA.

He also translated *the Georgics* and *the Eclogues* into Chinese.

He loves the love in *Dirae* and the hate in *Lydia*; he loves the scientific thoughts in *Aetna* and the conflicting themes in *Ciris*; he loves the first sentence in *De rosis nascentibus* and the last sentence in *Copa*.

DIRAE

Battare[1], cycneas repetamus carmine voces:
divisas iterum sedes et rura canamus,
rura, quibus diras indiximus, impia vota.
ante lupos rapient haedi, vituli ante leones,
5   delphini fugient pisces, aquilae ante columbas,
et conversa retro rerum discordia gliscet —
multa prius fient, quam non mea libera avena:
montibus et silvis dicam tua facta, Lycurge[2].
impia Trinacriae[3] sterilescant gaudia vobis,
10   nec fecunda, senis nostri felicia rura!
semina parturiant segetes, non pascua colles,
non arbusta novas fruges, non pampinus uvas,
ipsae non silvae frondes, non flumina montes.
rursus et hoc iterum repetamus, Battare, carmen:
15   effetas Cereris[4] sulcis condatis avenas,
pallida flavescant aestu sitientia prata,
immatura cadant ramis pendentia mala,
desint et silvis frondes et fontibus umor,
nec desit nostris devotum carmen avenis.

---

[1]Battarus大概是作者的同伴。
[2]Lycurgus大概是强征田地运动中受益的老兵。
[3]Trinacria指Sicilia岛，原意指其三角的形状。
[4]Ceres，谷神，即希腊神话*Demeter*。

诅咒之歌

Battarus啊，
让我们用歌声将天鹅的妙音重新唤起：
让我们再次唱响被分割的家宅与田地，
为了那些田地，我们曾经公开唾弃：
愿它们遭天打雷劈！
追逐雄狮的牛犊，撕扯凶狼的羊羔，
逃离鱼群的海豚，躲避鸽子的鹰枭，
凡事都会反转，万物都会颠倒——
在我的芦笛停下[1]之前，还有很多事情会来到：
Lycurgus! 我向着大山与森林控诉你的罪条！
愿三角岛堕落的娱乐让你遭殃，
愿丰产的种子不能在田里生长，
那可是我们先祖的肥沃田荒！
果园不再结出新果，丘陵不再是牧场，
藤上不再长葡萄，森林不再是绿叶茫茫，
愿大山里不再有小河流淌！

Battarus啊，
让我们再次重复这歌声：
田垄里，你会找到枯竭的燕麦，
酷暑中，干渴的草地变得惨白，
枝头上，未成熟的果实纷纷下坠，
森林没有绿叶，清泉没有流水，
但芦笛间少不了我们诅咒的伤悲！

---

[1]原文是"变得不自由"。

20 haec Veneris[1] vario florentia serta decore,
purpureo campos quae pingunt verna colore
— hinc aurae dulces, hinc suavis spiritus agri —
mutent pestiferos aestus et taetra venena:
dulcia non oculis, non auribus ulla ferantur.

25 sic precor, et nostris superent haec carmina votis:
lusibus et multum nostris cantata libellis,
optima silvarum, formosis densa virectis,
tondemus virides umbras, nec laeta comantis
iactabis mollis ramos inflantibus auris,

30 nec mihi saepe meum resonabit, Battare, carmen:
militis impia cum succedet dextera ferro
formosaeque cadent umbrae, formosior illis
ipsa cades, veteris domini felicia ligna —
nequiquam: nostris potius devota libellis

35 ignibus aetheriis flagrabis. Iuppiter[2] — ipse
Iuppiter hanc aluit — cinis haec tibi fiat oportet.

---

[1]Venus，即希腊神话爱神*Aphrodite*。
[2]Juppiter，即神王*Zeus*。

这些爱神Venus的花环，多彩的装扮，
在春日里把田野描绘出绚丽的光斑，
（它们让田地都充满了甜蜜的气息！）
它们会变成毁灭的火光，作呕的毒瘴，
它们就是那耳闻的异样，眼见的肮脏！

我如此祈求，也愿我这祈求的歌声受到祝福[1]：
最美丽的树林啊，你绿叶茂密，
我们经常用游戏的言辞歌颂着你！
我们修剪你绿色的阴影，
这样快乐的你，也不会因呼啸的风，
让那绿意盎然的柔枝摇摆不停。

Battarus啊，
林子也不会一直回响着我的歌声：
当士兵用他邪恶的右手拿起铁器[2]，
你那美丽的阴影，会渐渐变稀，
而这更美丽的你，也黯然落地，
作为故主的木头，你幸运至极！
这些全部白费！
不如在我的诅咒下，发出耀眼的光辉[3]！
神王Juppiter——他自己也爱护着树木——
定是他，将你变成死灰[4]！

---

[1]原文supero意思是"变强"，"变大"或者是"保留下来"。
[2]大概是斧头。
[3]指烧掉。
[4]指被雷劈。

Thraecis[1] tum Boreae[2] spirent immania vires,
Eurus[3] agat mixtam fulva caligine nubem,
Africus[4] immineat nimbis minitantibus imbrem,
40   cum tu, cyaneo resplendens aethere, silva,
non iterum dices, crebro quae, Lydia[5], dixti:
vicinae flammae rapiant ex ordine vitis,
pascantur segetes, diffusis ignibus aura
transvolet, arboribus coniungat et ardor aristas:
45   pertica qua nostros metata est impia agellos,
qua nostri fines olim, cinis omnia fiat.
sic precor, et nostris superent haec carmina votis:
undae, quae vestris pulsatis litora lymphis,
litora, quae dulcis auras diffunditis agris,
50   accipite has voces: migret Neptunus[6] in arva
fluctibus et spissa campos perfundat harena:
qua Vulcanus[7] agros pastus Iovis ignibus arcet,
barbara dicatur Libycae[8] soror altera Syrtis[9].
tristius hoc, memini, revocasti, Battare, carmen:
55   nigro multa mari dicunt portenta natare,
monstra repentinis terrentia saepe figuris,
cum subito emersere furenti corpora ponto:

---

[1]Thracia即Thrace，位于欧洲东南，今Greece，Bulgaria与Turkey交界。
[2]*Boreas*是北风之神。
[3]Eurus是东南风之神，也指东方之神。
[4]Afer即非洲，这里指代来自非洲的西南风。
[5]Lydia是故事中的一位女性。
[6]Neptune即*Poseidon*，海神，也是骏马之神。
[7]Vulcanus，火神（即希腊神话*Hephaestus*），也是锻冶之神。
[8]当时非洲也叫做Libya。
[9]Syrtis指海边的沙漠，这里特指北非的沿海沙漠地区。

愿Thrace的北方之力吹起狂风，
愿东南风驱使着昏黄幽暗的乌云，
而西南风卷携着可怕的暴雨，
那时的你，在蓝黑色天幕下闪耀的森林，
你将不再重复，那Lydia曾经重复多次的歌词：
愿临近的火焰将葡萄一株株销毁，
愿它们也吞噬庄稼，弥漫的火光凌空起飞，
让热浪席卷丛林与谷穗，
让该死的木棍[1]丈量过，我们小小的田垒，
那曾经的边界之内，通通变成死灰！

我如此祈求，也愿我这祈求的歌声受到祝福[2]：
海水啊，你用你的波涛冲击着海岸，
海岸啊，你甜蜜的气息在田间弥漫，
请听从我的召唤——
让海神Neptunus携着海水席卷，
让厚厚的淤沙堆积在平原——
让Juppiter之火养育[3]的火神将这土地包围，
如同荒芜的Syrtis，成为Libya的另一个姐妹！

Battarus啊，
我记得你曾回忆起这更加悲伤的歌谣：
人们都说，黑色的深渊里畅游着很多的古怪，
当它们的身体突然露出狂暴的大海，
那超乎想象的外型会常常把人吓呆：

---

[1] pertica这里指丈量土地的木杖，也指代丈量后分给老兵的土地。
[2] 见25行。
[3] 火神是天后Juno（即*Hera*）之子，他的父亲可能是Juppiter。

haec agat infesto Neptunus caeca tridenti
atrum convertens aestum maris undique ventis
60 et fuscum cinerem canis exhauriat undis.
dicantur mea rura ferum mare — nauta, caveto!—
rura, quibus diras indiximus, impia vota.
si minus haec, Neptune, tuas infundimus auris,
Battare, fluminibus tu nostros trade dolores:
65 nam tibi sunt fontes, tibi semper flumina amica.
nil est quod perdam ulterius: merito omnia Ditis.
flectite currentis lymphas, vaga flumina, retro
flectite et adversis rursum diffundite campis;
incurrant amnes passim rimantibus undis
70 nec nostros servire sinant erronibus agros.
dulcius hoc, memini, revocasti, Battare, carmen:
emanent subito sicca tellure paludes,
et metat hic iuncos[1], spicas ubi legimus olim:
occupet[2] arguti grylli cava garrula rana.
75 tristius hoc rursum dicit mea fistula carmen:
praecipitent altis fumantes montibus imbres
et late teneant diffuso gurgite campos,
qui dominis infesta minantes stagna relinquant.

---

[1]iuncus即Juncus effusus，中文名为灯心草。
[2]一作occubet。

让海神Neptunus用那凶残的三叉戟，
把这些隐藏的怪物都赶出海底，
让他用四方的暴风将黑色的海水汇集，
让他用白色的海浪将死灰[1]全部卷起！
让我的农场被称为荒芜之海——水手，你得小心应变！
这是我们自己施加诅咒的农场，恶毒的誓言！

Neptunus啊，若是我们没有把这事灌到你的耳里，
Battarus啊，就把我们的痛苦说给小溪！
因为山泉总是向着你，小溪也是对你不离不弃，
我的诅咒也没法毁灭更多的东西——
这一切的一切都是上天的神意。
流浪的小溪啊，把你湍急的河水聚集，
反向聚集，都灌到那反向的平原里！
让小河四散的激流漫延侵袭，
让我们的农场不再被流浪者[2]所奴役！

Battarus啊，
我记得你曾回忆起这更加甜美的歌谣：
让干燥的大地突然冒出沼泽，
让我们曾获取谷物的地方只有灯心草可以收割，
让善鸣蟋蟀的洞穴被鼓噪的青蛙占据为乐！

我的芦笛，再次唱起，这更加悲伤的歌谣：
让犹如烟云般的大雨从高山倾盆而下，
让庞大的漩涡席卷整个平原，
留给主人麻烦而危险的水洼。

---

[1] 前面烧过的灰烬。
[2] 指侵占土地的老兵。

cum delapsa meos agros pervenerit unda,
80 piscetur nostris in finibus advena arator,
advena, civili qui semper crimine crevit.
o male devoti, praetorum[1] crimina, agelli,
tuque inimica tui semper Discordia[2] civis,
exsul ego, indemnatus, egens mea rura reliqui,
85 miles ut accipiat funesti praemia belli?
hinc ego de tumulo mea rura novissima visam,
hinc ibo in silvas: obstabunt iam mihi colles,
obstabunt montes, campos audire licebit:
'dulcia rura, valete, et Lydia, dulcior illis
90 et casti fontes et, felix nomen, agelli.'
tardius, a, miserae descendite monte, capellae,
— mollia non iterum carpetis pabula nota —
tuque resiste, pater: en prima novissima nobis.
intueor campos: longum manet esse sine illis.
95 rura, valete iterum tuque, optima Lydia, salve.
sive eris et si non: mecum morieris, utrumque.

---

[1]praetor相当于是罗马的法官，一般译作民选官、裁判官、民政官、法务官等。

[2]Discordia即希腊神话Eris，代表不和的女神。因为她的金苹果而导致了Troia战争。

让这浪涛灌满我的农地，
让外来的耕夫捕鱼在田里，
那外乡人总是在民事裁决中得利[1]！
噢，那法官的裁决！那被诅咒的邪恶土地！
还有你，Discordia，你总是对公民满满恶意！
我没有犯罪却要去流亡，
居然是我必须离开农场！
让士兵得到死战的补偿！
在这山冈上，我将最后一次俯瞰我的农场，
我从此进入丛林，那丘陵把我的视线阻挡，
虽然大山把我阻挡，但平原还是能听到我的呼喊：
"别了，甜美的农场，
别了，Lydia，更甜美的你！
别了，清澈的泉水，
别了，幸福的名字，土地！"

啊，再慢一点！下山的时候再慢一点！
你们这些不幸的山羊！
你们再也没法在这熟知的草地上闲逛！
头羊啊，你也停下，
看看我们最初也是最后的牧场！
让我再仔细看看农田，
下次再见不知是何年！
农场，再见！还有你，最美的Lydia，再见！
无论你是否跟我一道，
你都将跟我一同长眠！

---

[1] 大概指他们侵占了原属于自己的土地。

extremum carmen revocemus, Battare, avena:
dulcia amara prius fient et mollia dura,
candida nigra oculi cernent et dextera laeva,
100   migrabunt casus[1] aliena in corpora rerum,
quam tua de nostris emigret cura medullis.
quamvis ignis eris, quamvis aqua, semper amabo,
gaudia semper enim tua me meminisse licebit.

---

[1]casus这个词这里很难理解。一种说法指万物的"终点",即组成万物的原子。

Battarus啊，
让我们用笛子最后一次唱起这歌声：
就算甜蜜变成苦涩，柔软变成坚硬，
就算肉眼所见，黑白不分，左右颠沛，
就算万物的本原，重新组合变成另外的种类，
对你的爱意也不会离开我的骨髓！
无论你是烈火还是清水，
我会永远爱着你的甜美，
永远忘不了和你在一起的滋味！

LYDIA[1]

nvideo vobis, agri formosaque prata,
105 hoc formosa magis, mea quod formosa puella
est vobis — tacite nostrum suspirat amorem —
vos nunc illa videt, vobis mea Lydia[2] ludit,
vos nunc alloquitur, vos nunc arridet ocellis,
et mea submissa meditatur carmina voce,
110 cantat et interea, mihi quae cantabat in aurem.
invideo vobis, agri: discetis amare.
o fortunati nimium multumque beati,
in quibus illa pedis nivei vestigia ponet
aut roseis viridem digitis decerpserit uvam
115 — dulci namque tumet nondum vitecula Baccho[3] —
aut inter varios, Veneris[4] stipendia, flores
membra reclinarit teneramque illiserit herbam
et secreta meos furtim narrabit amores.
gaudebunt silvae, gaudebunt mollia prata
120 et gelidi fontes, aviumque silentia fient,
tardabunt rivi: labentes currite, lymphae,
dum mea iucundas exponat cura querelas.

---

[1]此篇行号通常接上篇。
[2]Lydia是文中作者爱恋的女孩。
[3]Bacchus，酒神，即希腊神话*Dionysus*。这里指代美酒或者葡萄里面的甜汁。
[4]Venus，爱神，即希腊神话*Aphrodite*。

爱恋之歌

我羡慕你，美丽的农田和草地，
更加美丽，我这更美丽的女孩也是属于你！
——她悄悄地渴求我的爱意！
现在Lydia，她看着你，
现在她，与你欢闹嬉戏，
现在她，与你谈天说地，
现在她，小眼睛对你笑眯眯！
她用柔和的嗓音，将我的歌曲沉吟，
她偶尔唱起，那曾经在我耳边的吐息！

我羡慕你，田地：
你将了解爱情的真谛！
你，幸运无比，你，幸福至极！
她雪白的双脚在你身上留下足迹，
她粉色的手指将采摘葡萄的青皮，
——这藤上还尚未鼓起Bacchus的甜蜜！——
或是在这献给Venus的多彩花丛，
舒展四肢，躺在幼嫩的野草之间，
独自一人，偷偷地讲述我的爱恋！
树林露出它们的笑脸，
嫩草和冰泉也展露欢颜，
鸟儿们把嗓门收敛，
河水也放慢了脚尖：
你这水啊，请流得再快一点，
我的甜心述说着愉快的怨念。

invideo vobis, agri: mea gaudia habetis,
et vobis nunc est, mea quae fuit ante voluptas.
125   at male tabescunt morientia membra dolore,
et calor infuso decedit frigore mortis,
quod mea non mecum domina est: non ulla puella
doctior in terris fuit aut formosior, ac, si
fabula non vana est, tauro Iove digna vel auro
130   — Iuppiter, avertas aurem! — mea sola puella est.
felix taure, pater magni gregis et decus, a te
vaccula non umquam secreta cubilia captans
frustra te patitur silvis mugire dolorem.
et pater haedorum felix semperque beate,
135   sive petis montes praeruptos saxa pererrans
sive tibi silvis nova pabula fastidire
sive libet campis: tecum tua laeta capella est.
et mas quodcumque est, illi sua femina iuncta
interpellatos numquam ploravit amores.
140   cur non et nobis facilis, Natura, fuisti?
cur ego crudelem patior tam saepe dolorem?

我羡慕你，田地：
你现在拥有我的欢喜！
现在属于你，之前她曾是我的甜蜜！
但我的手脚如同腐肢，
被这残忍的痛苦折磨得生不如死，
温暖离我而去，留下死亡的冰冷蔓延，
因为我的爱恋，不在我的身边！
大地上又有谁比她更有学识，更加美艳！
若传说非虚，
那Juppiter定会化成公牛或是金雨[1]，
——啊，Juppiter，不要偷听我的私语[2]！——
把我独自的女孩偷去！

啊，你这幸福的公牛！
你是庞大族群的荣耀和领袖！
小母牛从不会把你丢下，独自把床铺享受，
她不会让你痛苦地在树林中，徒劳地低吼！
还有你，羊羔们的父王！
你永远那么幸福，那么欢畅！
无论你是攀上高山，在乱石间闲逛，
还是在丛林平原，貌视新鲜的皁场，
你快乐的母羊，总是在你身旁！
无论是哪种雄性，都有配偶作伴，
从不会因为痛失爱情而郁郁寡欢！
大自然啊，你为何对我如此不善！
为何我要一直忍受这残忍的苦难！

---

[1]*Zeus*曾化身公牛，诱拐了*Europa*；他也化身金雨，与*Danae*交合。
[2]原文是"把耳朵转过去"。

sidera per viridem redeunt cum pallida mundum

inque vicem Phoebi[1] currens atque aureus orbis,

Luna[2], tuus tecum est: cur non est et mea mecum?

145   Luna, dolor nosti quid sit: miserere dolentis!

Phoebe, recens in te laurus celebravit amorem

et, quae pompa deum — †nisi† silvis fama locuta est:

omnia vos estis!— secum sua gaudia gestat

aut inspersa videt mundo; quae dicere longum est.

150   aurea quin etiam cum saecula volvebantur,

condicio[3] similis fuerat mortalibus illis.

haec quoque praetereo: notum Minoidos[4] astrum

quaeque virum virgo sicut captiva secuta est.

laedere, caelicolae, potuit vos nostra quid aetas,

155   condicio nobis vitae quo durior esset?

---

[1]Phoebus，原意为光明，即*Apollo*。

[2]Luna，即月神*Selene*。

[3]这里condicio理解为爱人或者爱情的情况，条件或者状态。

[4]Minos是古代Crete岛的国王。这里Minois指其女Ariadne，酒神Bacchus 的妻子。

青色的天幕上，苍白的星光珊珊归来，

Phoebus的金轮，再次把它的脚步加快，

月神Luna啊，你的他[1]总是与你同在！

为何我却不能拥卿入怀？

月神Luna啊，你应知这痛苦[2]！

也请怜悯，我这苦痛之奴！

Phoebus啊，直到最近这月桂[3]才向你把爱意倾诉，

还有诸神——林间的流言都说，你们留情处处[4]！

诸神都随身带着自己的幸福，

或是看着她们被撒入星空[5]：多得不计其数[6]。

但当黄金的时代如同历史的车轮般远去，

无论对凡人或是对诸神，

爱情那时都会一视同仁！

这里我便顺道提一句：

以她命名的星星[7]，Minos之女，

那少女，像囚犯一样，跟着她的男人一步一趋[8]。

天界诸神，我们的时代何曾冒犯！

你们让我们的爱情变得如此艰难！

---

[1] 很可能是Endymion，月神的凡间恋人。月神每晚都会到Latmus山与他幽会，并和他生了五十个女儿。这个数字已经接近凡人男性与同一女神的生育极限。

[2] 神话中Zeus让Endymion陷入长眠。

[3] nymph女神Daphne为了躲避Apollo的求爱，而被迫变成了月桂树，这里是调侃Apollo爱月桂但是月桂却不爱他。

[4] 原文是"无处不在"，即到处留情，比如神王Zeus。

[5] mundus也可以理解为世界或者世间。

[6] 比如大熊座。

[7] 大概指Corona Borealis北冕座，即酒神赠与Ariadne的冠冕。

[8] 这里大概也是指Ariadne，她帮助爱人Theseus逃离了Minotaur的迷宫，跟他一起离开（一说私奔），但后来又被其遗弃。

ausus ego primus castos violare pudores
sacratamque meae vittam[1] temptare puellae?
immatura mea cogor nece solvere fata?
istius atque utinam facti mea culpa magistra
160   prima foret! letum vita mihi dulcius esset.
non mea, non ullo moreretur tempore fama,
dulcia cum Veneris furatus gaudia primus
dicerer atque ex me dulcis foret orta voluptas.
nunc mihi non tantum tribuerunt impia fata,
165   auctor ut occulti noster foret error amoris.
Iuppiter ante, sui semper mendacia factus,
cum Iunone[2], prius coniunx quam dictus uterque est,
gaudia libavit dulcem furatus amorem.
et moechum tenera gavisa est laedere in herba
170   purpureos flores, quos insuper accumbebant,
bracchia formoso supponens Cypria[3] collo:
tum, credo, fuerat Mavors[4] distentus in armis,
nam certe Vulcanus[5] opus faciebat, et illi
tristi turpabat malas fuligine barba.
175   non Aurora[6] novos etiam ploravit amores
atque rubens oculos roseo celavit amictu?

---

[1] vitta是一种头巾，围在额头。未婚与已婚妇女的头巾不一样，所以这里指未婚少女的头巾。而婚礼时新娘一般需要佩戴这种头巾。

[2] Juno，即天后*Hera*。

[3] Cypria即Venus，Cyprus的女神，传说她在附近的海面降生。

[4] Mavors即Mars，战神，也是Venus的情人。

[5] 火神Vulcanus是Venus的丈夫。

[6] Aurora，即*Eos*，曙光女神。

我是不是第一个敢于解开她的封印[1]，

摘下我心中的少女，她圣洁的头巾？

我是否要为火候未到的命运付出生命的代价？

果真如此，这契约首先会成就我的犯罪！

对我而言，死亡比生命更加甜美！

噢不，我的声名可不会死去，

我将被传诵，第一个偷取那爱神的欢愉，

我将被述说，身上也洋溢着甜美的乐趣！

如今万恶的命运并没有给我如此的契机，

而我一时的迟疑也成就了这秘密的爱意。

那Juppiter，他总是会变幻身形，

在他和Juno被称为夫妻之前，

已经尝过偷欢的滋味，爱情的甜美。

还有Cyprus的女神，Venus，

和情夫[2]躺在幼嫩草地的她，

把手臂压在他漂亮的脖子下，

开心地弄碎那闪亮的鲜花——

我想，那时候Mars定是战事拖沓，

而Vulcanus肯定在做他的装甲[3]，

下巴的胡须上满是煤渣！

Aurora是否为她的新欢[4]打开泪匣，

把红通的双眼藏在粉色的斗篷之下？

---

[1] 原文是"破坏她的纯洁"。

[2] 原文是"奸夫"，可能指Adonis，神话中Venus的情夫。

[3] 原文是"苦活"，即工作，成果。

[4] 曙光女神的情人有以下几位：Tithonus，最后变成了蝉；Cephalus，被她诱拐，但后来又离开了她；Orion，被Artemis杀死；Cleitus，但我们所知甚少。

talia caelicolae; numquid minus aurea proles?
ergo quod deus atque heros, cur non minor aetas?
infelix ego, non illo qui tempore natus,
180   quo facilis natura fuit! sors o mea laeva
nascendi miserumque genus, quo sera libido est!
tantam fata meae carnis fecere rapinam,
ut maneam, quod vix oculis cognoscere possis.

天界诸神，皆是如此放开；
黄金的族裔难道有不同的姿态？
既然神明与英雄都如此畅怀，
为何低等的种族[1]却不能欢爱？
我是如此不幸！
没有生在那个时代，那个友好的时代！
啊，我降生于命运之不幸，种族之悲哀，
都来不及享受男欢女爱！
我的身体被这命运，撕碎毁坏，
你几乎没法用肉眼，辨认残骸！

---

[1]原文是"时代"，即黄金时代之后的时代，特指现在的黑铁时代。

CVLEX

Lusimus, Octavi[1], gracili modulante Thalia[2]
atque ut araneoli tenuem formavimus orsum.
lusimus: haec propter culicis[3] sint carmina docta,
omnis et historiae per ludum consonet ordo
notitiaeque ducum voces. licet invidus adsit.
quisquis erit culpare iocos Musamque[4] paratus,
pondere vel culicis levior famaque feretur.
posterius graviore sono tibi Musa loquetur
nostra, dabunt cum securos mihi tempora fructus,
ut tibi digna tuo poliantur carmina sensu.
Latonae[5] magnique Iovis decus, aurea proles,
Phoebus erit nostri princeps et carminis auctor
et recinente lyra fautor, sive educat illum
Arna[6] Chimaeraeo[7] Xanthi perfusa liquore
seu decus Asteriae[8] seu qua Parnasia[9] rupes
hinc atque hinc patula praepandit cornua fronte
Castaliaeque sonans liquido pede labitur unda.

---

[1] Octavius，即后来的Augustus。

[2] Thalia是Muse之一，司掌牧歌与喜剧。

[3] culex是一种会叮人的小飞虫，中文最接近的字是蠓。

[4] Muse是文艺女神，一般认为有九位。这里指代诗歌。

[5] Latona即希腊神话Leto，Apollo与Artemis的母亲。

[6] 这里的Arna应该不是希腊中部Thessaly的小镇Arne，而是Lycia地区（今Turkey南部靠地中海海岸）的一处地名或者泉水名，但具体很可能已经失考。

[7] Chimaera是Lycia的一座山，Xanthus是附近的一条河。

[8] Asteria是Leto的姐妹，同样是被Zeus追求，却选择变成了鹌鹑，逃到了Delos岛（一说变成了岛）。这里也是Leto生下Apollo和Artemis的地方。

[9] Parnasus是Apollo的圣山，也是Muse的圣山，有两个山头。Muse的圣泉Castalia也在此。

小蟥之歌

Octavius啊，这是游戏的体裁[1]，
当苗条的Thalia打着节拍，
我们就像小蜘蛛一样勤快，
精心打造这纤细的开场白。
这是游戏的体裁：
就让我们唱响献给小蟥的歌声；
在这玩笑之词里，
它的任务完全符合故事的情节，
也符合对领袖的英雄赞歌！
就让嫉妒的人来吧！
无论谁准备嘲笑这歌，讽刺这玩笑，
都让他的名声像小蟥一样被风吹跑！
之后我们的Muse会为你唱响更高尚的曲调，
时间会给我带来不费力气的丰饶，
而这歌声也会被打磨得更加符合你的喜好！

黄金的子嗣，Latona与伟大Juppiter的光荣！
那Apollo首先把这歌唱响，然后用弦琴传诵！
那Arna，将Apollo养大，
那Arna，在Chimaera的山脚，Xanthus的河水里浸润，
或是Asteria的荣光，或是Parnasus的山崖，
像是宽大的额头上长出一对角，向这边向那边突起，
还有Castalia的泉水，把湿润的赤足冲刷。

---

[1]原文是"我们在做游戏"。

quare, Pierii[1] laticis decus, ite, sorores

Naides[2], et celebrate deum ludente chorea.

20   et tu, sancta Pales[3], ad quam ventura recurrunt

agrestum bona fetura, sit cura tenentis

aerios nemorum cultus silvasque virentes:

te cultrice vagus saltus feror inter et antra.

et tu, cui meritis oritur fiducia chartis,

25   Octavi venerande, meis adlabere coeptis,

sancte puer, tibi namque canit non pagina bellum

triste Iovis ponitque ...

Phlegra[4], Giganteo[5] sparsa est quae sanguine tellus,

nec centaureos[6] Lapithas[7] compellit in enses.

30   urit Erichthonias[8] Oriens[9] non ignibus arces,

non perfossus Athos[10] nec magno vincula ponto

iacta meo quaerent iam sera volumine famam,

non Hellespontus[11] pedibus pulsatus equorum,

Graecia cum timuit venientis undique Persas[12] —

---

[1]Pieria在希腊北部，Olympus山的北面。

[2]Nais即水之妖精，是nymph女神的一类。

[3]Pales是神话中的畜牧女神。

[4]Phlegra在希腊北部，是Zeus等Olympus诸神与巨人族的战场。

[5]Giganteus，即巨人族，比较不知名，容易与Titan神族混淆。

[6]centaur，即神话中的半人马。

[7]Lapitha人是古希腊的一个部落，居住在Olympus山周边。他们因为一场婚礼上的矛盾与和平的半人马开战，参见《农事诗》454-457。

[8]Erichthonius是Athens的国王，火神Hephaestus之子（大概算）。

[9]Oriens即东方人，这里指后文的Persae人。

[10]Athos是希腊北部一座高山，位于Macedon三半岛的最东边。

[11]Hellespontus，即欧亚之间的海峡，有时也指代附近的Troia城。

[12]Persae，即波斯人。

所以，水仙女姐妹们，来吧，

来这Pieria泉水的美景，

围圈跳舞，赞美神明!

还有你，神圣的Pales!

你给农夫带来生生不息的繁衍，

高耸森林和绿色丛林的居民是你的眷恋，

在你的庇佑下，我放浪在洞穴和林间!

还有你，可敬的Octavius，

这体面的纸页因你而信心满载!

你，神圣的男孩，

请欣赏我精心准备的开场白!

这书页不是在对你歌唱，

Juppiter在Phlegra被巨人鲜血浸染的战场;

它也不是在集合，

让Lapitha人与半人马刀兵相向!

我这里没有东方人用火烧掉，Erichthonius的城堡[1]，

没有被贯穿的Athos山，

没有锁链横亘的宽广海面，

它们都不会这么迟来我的书卷寻找名声!

没有在Hellespontus响起战马的蹄声，

也没有希腊人被Persae人团团包围——

---

[1]下面这整段说的是前480年，波斯的大王Xerxes I入侵希腊的故事。他在前483年就开始准备，凿通了Athos山所在的半岛地峡，形成Xerxes运河（后来被回填），然后在Hellespontus海峡用锁链搭建浮桥，方便运输士兵。最终Athens在前480年被波斯人占领烧毁。

35 mollia sed tenui decurrens carmina versu
    viribus apta suis Phoebo duce ludere gaudet.
    hoc tibi, sancte puer; memorabilis et tibi certet
    gloria perpetuum lucens mansura per aevum,
    et tibi sede pia maneat locus, et tibi sospes
40 debita felices remoretur vita per annos,
    grata bonis lucens. sed nos ad coepta feramur.
    igneus aetherias iam sol penetrarat in arces
    candidaque aurato quatiebat lumina curru,
    crinibus et roseis tenebras Aurora[1] fugarat:
45 propulit e stabulis ad pabula laeta capellas
    pastor et excelsi montis iuga summa petivit,
    lurida qua patulos velabant gramina colles.
    iam silvis dumisque vagae, iam vallibus abdunt
    corpora, iamque omni celeres e parte vagantes
50 tondebant tenero viridantia gramina morsu.
    scrupea desertas haerebant ad cava rupes,
    pendula proiectis carpuntur et arbuta[2] ramis,
    densaque virgultis avide labrusca[3] petuntur.

---

[1]Aurora, 曙光女神。
[2]arbuta是一种野生树莓。
[3]labrusca是一种野葡萄。

它只是在纤细的字里行间，由Apollo的引导，
用柔和轻快的风味，
用它自己的强项，打造欢乐的氛围。
它是献给你，神圣的男孩，
愿那难以忘却的荣光，
穿越永恒，为你闪烁不停！
愿神圣的居所[1]为你保留座次！
愿你拥有健康而幸福的一生，因美德而闪耀！
不过，我们现在该抓紧起锚[2]！

火辣的烈日，降临天穹，
黄金的马车，光亮涌动，
曙光女神，Aurora!
金红的秀发驱散了黑暗重重！
一位牧民赶着欢乐的山羊，
赶出棚厩，赶到牧场，
赶到高耸的山脊之上——
那山坡上，淡绿的草儿在流淌！
羊儿们在林间荆棘丛中闲逛，
而后又在山谷间躲藏，
再然后，它们都分头游荡，
悠闲地啃食着青色的草香！
它们紧贴着险峻的山谷，石崖的荒芜，
在翘出的枝条上捡食着悬挂的野莓，
在树丛中贪婪地搜寻浓密野葡萄串的汁水。

---

[1]大概指Olympus。
[2]指正文开篇。

haec suspensa rapit carpente cacumina morsu
55   vel salicis lentae vel quae nova nascitur alnus,
haec teneras fruticum sentes rimatur, at illa
imminet in rivi praestantis imaginis undam.
o bona pastoris — si quis non pauperis usum
mente prius docta fastidiat et probet illi
60   somnia luxuriae spretis — incognita curis,
quae lacerant avidas inimico pectore mentes.
si non Assyrio[1] fuerint bis lota colore
Attalicis[2] opibus data vellera, si nitor auri
sub laqueare domus animum non angit avarum
65   picturaeque decus, lapidum nec fulgor in ulla
cognitus utilitate manet, nec pocula gratum
Alconis referent Boethique[3] toreuma, nec Indi
conchea baca maris pretio est, at pectore puro
saepe super tenero prosternit gramine corpus,
70   florida cum tellus, gemmantis picta per herbas,
vere novat dulci distincta coloribus arva.
atque illum calamo laetum recinente palustri
otiaque invidia degentem et fraude remota
pollentemque sibi viridi cum palmite lucens
75   Tmolia[4] pampineo subter coma velat amictu.

---

[1] Assyria是地中海东边的古国，这里指代Tyre产的紫色染料。
[2] Attalus是古国Pergamos的国王，在今Turkey的地中海沿岸，以财富闻名。
[3] Alcon与Boethus大概是两位匠人。
[4] Tmolus山，在古国Lydia，以葡萄闻名。

这头，它用嘴扯下那悬挂的嫩尖，
或是柔软的柳树，或是新长的桤木；
这头，在荆棘中搜索着幼嫩的枝条；
而那头，探出头看着河水涛涛，
看着水面上，自己的样貌。

啊！牧民的幸福！
只要你不先入为主，去审视那穷人的用度，
允许他忘却烦恼，远离对奢侈的梦想——
这些梦想，会在你邪恶的内心，折磨你贪婪的心智！
他的羊毛衣物没有用Tyre紫两次浸染，
这衣服也完全配不上Attalus王的财富，
贴花的天花板下，没有闪亮的黄金刺激他灵魂的欲望，
光彩的画作或是耀眼的宝石，也完全派不上用场；
他的酒杯上没有Alcon和Boethus的雕花，
即使是Indus海里的珍珠对他来说也一钱不值，
但这纯净的心灵可以常常在柔嫩的草地上闲躺，
鲜花盛开，青草点缀，
大地在这春光的甜美，
让分块的农田上光彩回归[1]。
他聆听着沼泽间回响的芦笛，
享受悠闲，远离嫉妒与虚伪，
把自己丢入绿意盎然的嫩枝周围，
在Tmolus山顶，葡萄枝的簇拥下沉醉。

[1]即不同的田地有不同的色彩。

illi sunt gratae rorantes lacte capellae
et nemus et fecunda Pales[1] et vallibus intus
semper opaca novis manantia fontibus antra.
quis magis optato queat esse beatior aevo
80 quam qui mente procul pura sensuque probando
non avidas agnovit opes nec tristia bella
nec funesta timet validae certamina classis.
nec, spoliis dum sancta deum fulgentibus ornet
templa vel evectus finem transcendat habendi,
85 adversum saevis ultro caput hostibus offert?
illi falce deus colitur non arte politus,
ille colit lucos, illi Panchaia[2] tura
floribus agrestes herbae variantibus adsunt.
illi dulcis adest requies et pura voluptas,
90 libera, simplicibus curis: huic imminet, omnis
derigit huc sensus, haec cura est subdita cordi,
quolibet ut requie victu contentus abundet
iucundoque liget languentia corpora somno.

---

[1]Pales，畜牧女神。
[2]Panchaia是一座远在Arabic海的假想岛屿，传说出产香料。参见《农事诗》II.139。

他有惹人爱的山羊，乳汁如露珠般凝结，

他有这林地和丰饶的Pales姐姐，

还有山谷间的阴凉洞穴，清泉飞泻。

在这永恒的愉悦中，谁又能比他更加幸福？

他有纯净的灵魂，善良的内心，

他远离尘世，不知财富的贪婪，

他不惧战场的残忍，不怕强大军队的杀戮。

不止如此，

就算他能用闪亮的战利品装饰神圣的庙宇，

或是拥有远远超出边界的财富，

难道他在残忍的敌人前，

会心甘情愿献出自己的头颅？

他崇敬圣林[1]与神庙，

他膜拜一座粗糙的神像，手里带着镰刀[2]，

他繁花的草地，长满了Panchaia的香料！

他有甜蜜的休息，纯净的愉悦，

他享受自由，没有复杂的心结：

他也追求着这一切，

倾注了自己所有的感觉。

无论什么物质生活他都满足，

这想法一直留在他心里面，

所以他也有充足的休息时间，

让劳累的身体得到安心的睡眠。

---

[1]lucus特指神庙周围的圣林。

[2]大概指Saturnus，即希腊神话中Cronus，手持镰刀。

o pecudes, o Panes[1] et o gratissima Tempe[2],
95　frigus Hamadryadum[3], quarum non divite cultu
aemulus Ascraeo pastor sibi quisque poetae
securam placido traducit pectore vitam.
talibus in studiis baculo dum nixus apricas
pastor agit curas et dum non arte canora
100　compacta solitum modulatur harundine carmen.
tendit inevectus radios Hyperionis[4] ardor
lucidaque aetherio ponit discrimina mundo,
qua iacit oceanum flammas in utrumque rapaces.
et iam compellente vagae pastore capellae
105　ima susurrantis repetebant ad vada lymphae,
quae subter viridem residebant caerula muscum.
iam medias operum partes evectus erat sol,
cum densas pastor pecudes cogebat in umbras.
ut procul aspexit luco residere virenti,
110　Delia[5] diva, tuo, quo quondam victa furore
venit Nyctelium[6] fugiens Cadmeis Agave[7],
infandas scelerata manus et caede cruenta,
quae gelidis bacchata iugis requievit in antro
posterius poenam nati de morte datura —

---

[1]Pan神，山野与畜牧之神，羊角羊蹄的人形。
[2]Tempe本是Olympus和Ossa山之间的山谷，也常用来指代山谷。
[3]Hamadryas指森林中的nymph妖精。
[4]Hyperion是一位Titan神，是太阳神*Helios*，曙光女神*Eos*和月神*Selene*的父亲。这里指代太阳。
[5]Delia指代Delos岛上出生的*Artemis*，即罗马神话Diana。
[6]Nyctelius是酒神Bacchus的外号，来源于关于他的夜间祭典。
[7]Agave是古国Thebes国王Cadmus之女，酒神Bacchus的狂热信徒。她将企图阻止酒神祭典的儿子Pentheus活生生撕碎。

啊，牛羊！啊，Pan神！
啊，森林妖精的避暑，最舒适的山谷！
崇拜这些妖精的农夫，
就像Ascra[1]的诗人一般，没有劳苦，
生活无忧无虑，心灵无拘无束！

陷于这样的沉思，
牧人倚在木杖上闲坐，
懈怠着阳光下的苦活；
吹起毫无技术的曲调，
粘合的芦笛演奏出熟悉的妖娆。
火热的太阳高悬，散发着辐射，
从苍穹上撒下耀眼的光芒，
将烈火投入这个或者那个海洋[2]。
如今游荡的山羊，在牧人的驱赶下，
来到细语的河边，最低处的风景，
那一洼深蓝，与绿色的苔藓交相辉映。
而太阳已经走过了一半的路程，
牧人也将羊群赶入浓密的阴影。
他见着它们在绿色的林子里休息，
Delos的女神啊，说起你这圣林——
那Cadmus之女Agave，从酒神的狂热中醒来，
便来到此处，双手沾满了屠杀的血污，
她在冰冷的山脊上狂奔[3]，在洞穴中休息下脚步，
之后将为她儿子的死而寻找救赎[4]——

---

[1]Ascra是诗人Hesiod的故乡，见《牧歌集》VI.70，《农事诗》II.176。
[2]那个海洋可能指太阳落山之后去的世界另外一面。
[3]原文是指在酒神祭典时的疯狂状态。
[4]原文是赎罪。

115   hic etiam viridi ludentes Panes in herba
       et satyri[1] Dryadesque[2] chorus egere puellae
       Naiadum[3] in coetu. non tantum Oeagrius[4] Hebrum[5]
       restantem tenuit ripis silvasque canendo
       quantum te, pernix, remorantem, diva, chorea
120   multa tuo laetae fundentes gaudia vultu.
       ipsa loci natura domum resonante susurro
       quis dabat et dulci fessas refovebat in umbra.
       nam primum prona surgebant valle patentes
       aeriae platanus[6], inter quas impia lotos[7],
125   impia, quae socios Ithaci[8] maerentis abegit,
       hospita dum nimia tenuit dulcedine captos.
       at, quibus ignipedum curru proiectus equorum
       ambustus Phaethon[9] luctu mutaverat artus,
       Heliades[10], teneris implexae bracchia truncis,
130   candida fundebant tentis velamina ramis.

---

[1] satyrus，即satyr，一种半人半羊的山神，其形象常与Pan神和nymph妖精一起出现。

[2] Dryades是一种森林里的nymph妖精，也特指橡树妖精。

[3] Nais，水之妖精。

[4] Oeagrus是古希腊Thrace的国王，传说中著名乐师Orpheus的父亲（一说Orpheus是*Apollo*之子）。这里的Oeagrius指的就是Orpheus。

[5] Hebrus是Thrace的一条河。参见《农事诗》IV.524。

[6] platanus指悬铃木，这里是复数。

[7] lotos或lotus可以指很多种不同的植物，这里是*Odyssey*里提及的一种果树，味甜如枣，吃了以后忘掉了家园和朋友，不愿意离开。可能是Diospyros lotus或者Ziziphus lotus，暂译为忘忧枣。参见《农事诗》II.84。

[8] Ithaca岛就是Odysseus的老家，这里Ithacus就是指Odysseus。

[9] Phaethon是太阳神*Helios*的儿子，驾驭太阳马车失控，被*Zeus*用闪电击落身死。后来他的姐妹们（Heliades或者Phaethontias，一说是他的女儿们）痛哭不已，伤心过度，最后变成楸树或者黑杨树，而她们的眼泪变成了琥珀。参见《牧歌集》VI.62。

[10] 指代楸树或者黑杨，见上注。

同样在此处，Pan神在青草间将笛子吹拂[1]，
还有森林的仙女和satyr围成圆圈跳舞，
那水仙女们，也来凑数!
连那Oeagrus之子也没能如此，用他的音符，
在岸边将Hebrus河水与树林留住脚步，
而这些仙女们却让你，迅捷的女神[2]啊，
让你在此驻足，让你脸上洋溢着幸福!
伴随着回响的私语，
她们为自然营造了温馨的领域[3]，
在甜美的阴影下慰藉疲惫的身躯。
在蜿蜒的峡谷山坳，
首先就是那悬铃木长得高高，
穿插其间还有邪恶的忘忧枣——
啊，那邪恶的忘忧枣，
让Ithaca人的同伴忘却了烦恼[4]，
啊，那友善的忘忧枣，
用满满的甜蜜把人心紧紧抓牢!
还有，Phaethon从炽足的马车卜跌倒，
她们的手臂，因那悲伤而变成了树梢，
Heliades，幼嫩的树干上伸出婷婷玉臂，
亮白的外套[5]挂上延展的枝条。

---

[1]原文是"玩耍"。
[2]指Diana。
[3]原文是"家"。
[4]原文是"悲伤"。
[5]桤树树皮是白色的。而黑杨的种子有絮状的白毛，看上去也是白茫茫的。

posterius cui Demophoon[1] aeterna reliquit
perfidiam lamentandi mala — perfide multis,
perfide Demophoon et nunc deflende puellis.
quam comitabantur, fatalia carmina, quercus[2],
135   quercus ante datae Cereris[3] quam semina vitae:
illas Triptolemi[4] mutavit sulcus aristis.
hic magnum Argoae[5] navi decus †addita† pinus
proceras decorat silvas hirsuta per artus
ac petit aeriis contingere montibus astra.
140   ilicis[6] et nigrae species nec laeta cupressus
umbrosaeque manent fagus hederaeque ligantes
bracchia, fraternos plangat ne populus ictus,
ipsaeque ascedunt ad summa cacumina lentae
pinguntque aureolos viridi pallore corymbos.
145   quis aderat veteris myrtus non nescia fati.
at volucres patulis residentes dulcia ramis
carmina per varios edunt resonantia cantus.
his suberat gelidis manans e fontibus unda,
quae levibus placidum rivis sonat orta[7] liquorem.

---

[1]Demophoon是Athens的国王，曾参与Troia战争。他的妻子，Thrace的公主Phyllis，以为被他抛弃而自尽。她自尽处长出了一棵扁桃树，即almond，学名是Prunus amygdalus。

[2]橡树，特别是Dodona圣林的橡树，被认为有神性。

[3]Ceres，谷神。

[4]Triptolemus是传说中得到谷神Ceres传授曲犁之艺的少年。参见《农事诗》I.19。

[5]Argo号，即Jason等希腊英雄乘坐的冒险海船。

[6]ilex指Quercus ilex，冬青。

[7]一作acta。

还有接下来，被Demophoon的谎言抛弃，

她们[1]为这永恒的罪恶哀痛不已，

Demophoon，你这虚言假意，

这么多的人，你都虚与委蛇——

这么多的少女，在因你哭泣！

她身边还有橡树，命运的诗意！

在Ceres的种子以前，人们以此[2]充饥，

为了收获谷子，Triptolemus的橡木曲犁[3]。

这里还有挺拔的苍松[4]，增添Argo号的英名，

毛茸的手臂装饰树梢的风景，

如同是要去触摸高山的群星。

黑色的冬青，忧郁的雪松，

榉树阴影茂密，常青藤环抱着黑杨[5]，

让她不要为被击落的兄弟悲伤，

它们自己柔软地绕上了树冠的最高点，

为金色的小果串装饰上苍白的绿叶边。

还有月桂树，没有忘记早先的命运[6]！

而小鸟们停留于繁乱的枝条，

唱起甜蜜的歌声，泛起各色的音调。

这些树木的脚下，流过冰冷的清泉，

泉眼上，小溪缓缓，流水潺潺。

---

[1]这里用复数，指那些扁桃树，见前页注。

[2]指橡子。

[3]原文是"田垄改变了橡木"，即改造成弯曲的样子。也可以理解为田垄把橡子变成了谷子，即《农事诗》I.8的意思。

[4]用来造船，参见《农事诗》II.443。

[5]见129行注。

[6]关于月桂有两个不同的神话。其一是Athena钟情的女孩Myrsine，遭人嫉妒被杀，后被Athena变成月桂；另一种说法是Aphrodite（即Venus）的女祭司Myrina所变。

150   et quaqua geminas avium vox obstrepit aures,
hac querulae referunt voces quis nantia limo
corpora lympha fovet; sonitus alit aeris echo,
argutis et cuncta fremunt ardore cicadis.
at circa passim fessae cubuere capellae
155   excelsis subter dumis, quos leniter adflans
aura susurrantis poscit confundere venti.
pastor, ut ad fontem densa requievit in umbra,
mitem concepit proiectus membra soporem,
anxius insidiis nullis, sed lentus in herbis
160   securo pressos somno mandaverat artus.
stratus humi dulcem capiebat corde quietem,
ni Fors[1] incertos iussisset ducere casus.
nam solitum volvens ad tempus tractibus isdem
immanis vario maculatus corpore serpens,
165   mersus ut in limo magno subsideret aestu,
obvia vibranti carpens, gravis aere, lingua
squamosos late torquebat motibus orbes.

---

[1]Fors是机会、运气的概念神化。

四周的鸟鸣在双耳间回响，
还有那谁[1]的抱怨声悠扬——
它们的身体浮在水面上，
泥沼还将它们滋养。
刺耳的蝉鸣席卷热浪，
空中的回音愈发高昂。
高耸的荆棘丛下，
四处倒地休息的疲惫山羊，
随着轻柔的微风拂过，
加入了交响乐的合唱[2]。

浓密的阴影下，
那牧人手脚微张，在泉水边闲躺，
很快就陷入了温柔的梦乡。
享受着安逸的午觉，
劳累的四肢压上小草，
慵懒的他也不担心任何袭扰。
他在这泥土上躺平，
心中只剩下甜蜜的宁静，
惟愿命运没有给他带来这不安的陷阱！
一条斑纹的巨蛇，在它熟悉的时间，
沿着往常的路径，画出了一道蜿蜒。
为避酷暑，身体潜入这泥水，
时刻吐息，令人厌恶的气味；
它大幅地扭动着满是鳞片的蛇身，
恶毒的信子摇摆不停，似要将人撕碎！

---

[1]大概指青蛙。
[2]原文大意是"加入风的队伍"。

tollebant irae[1] venientis ad omnia visus.
iam magis atque magis corpus revolubile volvens
170   attollit nitidis pectus fulgoribus et se
sublimi cervice caput, cui crista superne
edita purpureo lucens maculatur amictu
aspectusque micat flammarum lumine torvo.
metabat sese circum loca, cum videt ingens
175   adversum recubare ducem gregis. acrior instat
lumina diffundens intendere et obvia torvus
saepius arripiens infringere, quod sua quisquam
ad vada venisset. naturae comparat arma:
ardet mente, furit stridoribus, intonat ore,
180   flexibus eversis torquentur corporis orbes,
manant sanguineae per tractus undique guttae,
spiritibus rumpit fauces. cui cuncta parantur,
parvulus hunc prior umoris conterret alumnus
et mortem vitare monet per acumina. namque,
185   qua diducta genas[2] pandebant lumina gemmis,
hac senioris erat naturae pupula telo
icta levi, cum prosiluit furibundus et illum
obtritum morti misit, cui dissitus omnis
spiritus et cessit sensus. tum torva tenentem
190   lumina respexit serpentem comminus. inde

---

[1] 有版本作aurae。
[2] gena原意是脸颊，这里引申意是眼皮。

它带着怒火，环顾四周，
回转的身体，越卷越大，
上抬的胸口，如同亮白的闪电！
挺起的脖子上，那最高的头冠[1]，
宛若紫红的外袍缀着光点，
眼神中充满了凶残的火焰！
那巨兽用自身丈量着四周的区间，
正好看见了羊群的领头躺在面前。
它的眼睛露出更加凶残的红光，
越来越快地碾压过一切的阻挡，
这都是因为有人入侵了它的水塘！
它准备了这些天赐的武器：
怒火中烧的头脑，狂暴的嘶嘶声在嘴边雷动，
蜿蜒盘旋的身体，所到之处皆是滴滴血脓，
甚至它的呼吸，都似乎要冲破喉咙！

而此时舞台的中心，
一只微小的湿地居民，
却是第一个让他虎躯大震——
用针尖让他躲过了死神。
那眼皮合拢之处突然张开，眼神炯亮，
那瞳孔却被大自然的轻武器所伤，
他弹起身，满是愤怒，
直接把这虫子送进了冥府，
它神形俱碎，意识全无！
然而他马上发现那蛇的眼神，凶光外露！

---

[1]这里用了crista，一般是动物头上的冠状毛发，或是鸡冠。

impiger, exanimis, vix compos mente refugit
et validum dextra detraxit ab arbore truncum —
qui casus sociarit opem numenve deorum
prodere sit dubium, valuit sed vincere talis
195   horrida squamosi volventia membra draconis —
atque reluctantis crebris foedeque petentis
ictibus ossa ferit, cingunt qua tempora cristae.
et quod erat tardus somni languore remoto
nec prius aspiciens timor obcaecaverat artus,
200   hoc minus implicuit dira formidine mentem.
quem postquam vidit caesum languescere, sedit.
iam quatit et biiuges oriens Erebeis[1] equos Nox[2]
et piger aurata procedit Vesper[3] ab Oeta[4],
cum grege compulso pastor duplicantibus umbris
205   vadit et in fessos requiem dare comparat artus.
cuius ut intravit levior per corpora somnus
languidaque effuso requierunt membra sopore,
effigies ad eum culicis devenit et illi
tristis ab eventu cecinit convicia mortis.
210   'quis' inquit 'meritis ad quae delatus acerbas
cogor adire vices? tua dum mihi carior ipsa
vita fuit vita, rapior per inania ventis.

---

[1]Erebus是黑暗之神。

[2]即Nyx，夜之女神，传说中是Erebus的妻子或者女儿。晚上她驾着马车划过苍穹。

[3]Vesper即昏星，参见琐记篇ix.25注。

[4]Oeta山在希腊中部，这里昏星移出Oeta山类似于"日落西山"，参见《牧歌集》VIII.30。

他被吓个半死，差点没法控制自己，
快速后退了几步，右手折下一根结实的树干退敌——
很难说，这事是神明之助或是单单运气，
但他成功地打败了这鳞怪恐怖盘旋的身体[1]——
那蛇挣扎不停，异常凄厉，
而牧人则向它着额边的骨头反复锤击!
他因之前让人迟缓的睡意，还没回过神，
或是之前尚未察觉的恐惧，麻痹了手脚，
不过他的内心不再被这可怕的惧意所缠绕。
当他看到这死透的蛇没了动静，
这才一屁股坐了下来。

现在Nyx把Erebus的双马之车驱赶，
迟疑的昏星移出了金色的Oeta山，
阴影变长，牧人将羊群聚拢成团，
准备回家，休息一下疲惫的手腕!
轻柔的睡眠潜入他的身体，
疲惫的四肢得以在扑面的沉睡中休息，
那小蟒的幻像，来到他的身旁，
唱起它的悲伤，哭诉它的死亡!
它如此问道:"是何种罪将我带到这里，
让我面对这苦难，又有何意义?
对我而言，你的生命比我自己的还要甜美，
我的生命却穿越了空虚，被这清风撕碎。

---

[1]原文membrum是"四肢"的意思，大概是指蛇身的形状。

tu lentus refoves iucunda membra quiete
ereptus taetris e cladibus, at mea Manes[1]
215 viscera Lethaeas[2] cogunt transnare per undas.
praeda Charonis[3] agor. viden ut flagrantia taedis
limina collucent infestis omnia templis?
obvia Tisiphone[4], serpentibus undique compta,
et flammas et saeva quatit mihi verbera poenae.
220 Cerberus[5] en diris flagrant latratibus ora[6]!
anguibus hinc atque hinc horrent cui colla reflexis
sanguineique micant ardorem luminis orbes.
heu, quid ab officio digressa est gratia, cum te
restitui superis leti iam limine ab ipso?
225 praemia sunt pietatis ubi, pietatis honores?
in vanas abiere vices et rure[7] recessit
Iustitia[8] et prior illa Fides[9]. instantia vidi
alterius, sine respectu mea fata relinquens
ad pariles agor eventus. sit poena merenti,
230 poena sit exitium, modo sit dum grata voluntas,
existat par officium. feror avia carpens,
avia Cimmerios[10] inter distantia lucos.

---

[1]Manes是冥界的鬼魂。
[2]Lethe，即冥界的忘川。灵魂在此喝下河水，忘却往事。
[3]Charon，冥河的船夫。
[4]Tisiphone是Furies，即三复仇女神之一。
[5]Cerberus是地狱守门的三头犬。
[6]这里ora是复数。
[7]有版本作iure。
[8]Justitia是正义女神，传说中最后一位离开人间的神祇。
[9]Fides是信仰的概念神化。
[10]Cimmerii本是Thrace的一个部落，在今Crimea。后被用来指代传说中居住在洞穴的人，这里又借指冥界。

你现在从这惊人的厄运中逃离，

安静惬意地修复愉悦的肢体，

但它们驱赶着我的残骸[1]——那些幽鬼，

它们逼着我，渡过忘川的河水，

我成了猎物，被艄公Charon猛追！

你不见那燃烧的大门，危险的神殿，

熊熊的火炬，照亮它的周围！

复仇女神，她把我拦下，

她有那满是毒蛇的头发，

她全力挥舞手中的火把，

凶残的鞭子，让我承受罪罚！

噢，Cerberus！喷着火焰的大嘴，令人恐惧的犬吠！

它的脖子各处挺立着回转的凶蛇，

它的眼珠里闪耀着血红色的光辉！

呜呼！是我从死神的门槛前把你拉回，

为何回报与善意互相违背[2]？

恪守职责的奖赏在哪里，荣耀又在哪里？

正义女神Justitia和之前的信仰女神Fides，

便是离开了地面，离开去了虚无的空间。

我见到了他人的紧急，甚至没有迟疑，

忽略了自己的命运，现在却面对同样的神意！

让我受到应得的代价，让这代价就是毁灭！

愿善意都得到对等的回报！

我被带走，被远远地带到荒无人烟[3]的冥土森林！

---

[1] viscus原意指内脏器官，也引申为肉体。

[2] 原文大意是"与善意分离"，即善意没有得到回报。

[3] 原文是"没有道路"。但是"荒无人烟"似乎也不太对。

quem circa tristes densentur in omnia poenae:
nam victus sedet immanis serpentibus Otos[1],
235 devinctus maestus procul aspiciens Ephialten,
conati quondam cum sint inscendere mundum.
et Tityos[2], Latona, tuae memor anxius irae
— implacabilis ira nimis — iacet alitis esca.
terreor, a, tantis insistere, terreor, umbris!
240 ad Stygias[3] revocatus aquas vix ultimus amni
restat nectareas divum qui prodidit escas,
gutturis arenti revolutus in omnia sensu.
quid, saxum procul adverso qui monte revolvit,
contempsisse dolor quem numina vincit acerbans
245 otia quaerentem frustra sibi? ite, puellae,
ite, quibus taedas accendit tristis Erinys[4]:
sicut Hymen[5] praefata dedit conubia mortis

* * * *

---

[1] Otus是一位巨人，*Poseidon*之子，曾与兄弟Ephialtes试图攻入Olympus，推翻*Zeus*的统治。参见《农事诗》I.280。

[2] Tityos是另一位巨人，因试图强奸Latona被判入地狱，受秃鹫啄食肝脏的惩罚。

[3] Styx是一条冥河。

[4] Erinys是另一位Furies复仇女神。

[5] Hymen或作Hymenaeus，婚礼之神。

我的四周，满满都是残酷的刑罚：

那坐着的是巨大的Otos，他被毒蛇掌控，

被困住的他郁郁地看着不远处的弟兄——

只因Ephialtes和他之前试图攀登天穹[1]！

还有Tityos，躺在那里受难，

成了飞鸟的盘中餐！

Latona啊，让人想起了你的怒火！

那永无止尽的怒火！

啊，怕呀，在这些阴影下站着，就让我害怕！

回到Styx河边，我看见一个人头刚刚露出冥河——

噢，是那揭露了诸神圣餐[2]的罪恶，

他来回转着头，喉咙里只剩饥渴！

还有那谁[3]，在远处对面的山上，滚动着石头，

他因藐视神明，遭受日益加深的苦果，

徒劳地为自己寻求解脱？

少女们，去吧，Erinys为你们引领火炬[4]！

她如Hymen一般吟诵着婚礼的祝语，

却把你们带去地狱[5]！

---

[1]参见前页注。

[2]指Tantalus，他偷取了诸神的饮料nectar与食物ambrosia，还藐视众神，杀死自己的儿子Pelops，做成餐食给诸神吃，之后被罚入Tartarus炼狱，受饥渴之罚：树上永远够不到的果子，河里永远喝不到的水。参见《农事诗》III.7。

[3]指Sisyphus，欺骗了冥王*Hades*而受罚，推动石头上山，而后石头滚回，如此反复永不停止。

[4]通常婚礼需要新郎拿着火炬为新娘引路，参见《牧歌集》VIII.29。

[5]这是希腊神话中Danaus和他五十个女儿的故事。他同一天把女儿们嫁给了他双胞兄弟Aegyptus的五十个儿子。但他得到神谕，会被女婿杀死，所以新婚之夜他给每个女儿一把刀，让其杀死自己的丈夫。结果只有Hypermnestra没有杀死自己的丈夫Lynceus。第二天愤怒的Lynceus杀死了Danaus，实现了神谕的内容。之后，其余的四十九位被罚入Tartarus炼狱，她们的刑罚是装满底部漏水的壶。

atque alias alio densas super agmine turmas:

impietate fera vecordem Colchida[1] matrem,

250　anxia sollicitis meditantem vulnera natis.

iam Pandionias[2] miserandas prole puellas,

quarum vox Ityn edit Ityn, quo Bistonius[3] rex

orbus epops maeret volucres evectus in auras.

at discordantes Cadmeo[4] semine fratres

255　iam truculenta ferunt infestaque lumina corpus

alter in alterius, iamque aversatus uterque,

impia germani manat quod sanguine dextra.

eheu mutandus numquam labor! auferor ultra

in diversa magis, distantia nomina cerno.

260　Elysiam[5] tranandus agor delatus ad undam.

obvia Persephone[6] comites heroidas urget

adversas praeferre faces. Alcestis[7] ab omni

inviolata vacat cura, quod saeva mariti

in Chalcodoniis[8] Admeti fata morata est.

---

[1]Colchis是一古国，大约在今Georgia。这里指代著名的Colchis公主，魔女Medea。她为爱杀死了自己的儿子。参见《牧歌集》VIII.47。

[2]Pandion是古希腊Athens的国王，Pandionia指的是他的两个女儿Procne和Philomela。她们为了报复Procne的丈夫Thrace国王Tereus而将他们的儿子Itys杀死。之后Procne变成了赤胸燕，Philomela变成了夜莺，Tereus变成了戴胜鸟，一直追逐着她们。参见《农事诗》IV.15，《牧歌集》VI.78。

[3]Bistonis是Tereus的母亲，一位nymph妖精。Bistones也指代Thrace人。

[4]Cadmus是Thebes的建立者，古希腊神话传说中的大英雄，也是酒神的外祖父。这里Cadmeus指他的后代，Thebes的国王Eteocles与Polynices。两兄弟为了权力互相残杀，在决斗中共赴黄泉。

[5]Elysium是冥界的极乐福地，传说英雄死后会来这里享福。

[6]*Persephone*，即冥后。她与冥王*Hades*是神话世界中难得的模范夫妻。

[7]Alcestis替自己的丈夫，Pherae的国王Admetus受死，后被Hercules从地狱救回。

[8]Chalcodonium指Pherae，在希腊中北部。

接下来还有一队接着一队：
那失心的母亲Medea，万恶的兽行，
拿绝望的儿子身上的伤口取乐！
这里还有Pandion的女儿们，
对孩子如此残忍，嘴里叫着'Itys，Itys'！
丧子的Thrace国王，为此哀痛不已，
变成了戴胜鸟，在高空盘旋不停！
但那争吵的兄弟，Cadmus的直系，
互相盯着对方的身体，
眼光充满凶残与敌意，
而后又双双转头而去，
右手上同胞的鲜血还在下滴！

呜呼！漫无止境的劳苦！
我又被风裹挟到另一头的冥土，
远远就感知到这些名目。
我被寻寻带到此处，
在Elysium的河水上漂浮。
冥后Persephone让随身女英豪的队伍，
打着火把，在我面前引路。
毫发无伤的Alcestis，心无挂念，
皆因丈夫Admetus的残忍命运得以推延。

265   ecce Ithaci[1] coniunx semper decus, Icariotis[2],

femineum concepta decus, manet et procul illa[3]

turba ferox iuvenum telis[4] confixa procorum.

quid, misera Eurydice[5], tanto maerore recessit,

poenaque respectus et nunc manet Orpheos in te?

270   audax ille quidem, qui mitem Cerberon[6] umquam

credidit aut ulli Ditis[7] placabile numen,

nec timuit Phlegethonta[8] furens ardentibus undis

nec maesta obtenta Ditis ferrugine regna

defossasque domos ac Tartara[9] nocte cruenta

275   obsita nec faciles Ditis sine iudice sedes,

iudice, qui vitae post mortem vindicat acta.

sed fortuna valens audacem fecerat ante:

iam rapidi steterant amnes et turba ferarum

blanda voce sequax regionem insederat †Orphei.

280   iamque imam viridi radicem moverat alte

quercus humo ... silvaeque sonorae

sponte sua cantus rapiebant cortice avara.

---

[1]Ithaca岛是Odysseus的老家。这里出场的是他的妻子Penelope。

[2]Icarius是Penelope的父亲，Icariotis即指代Penelope。

[3]有版本作illam。

[4]telum一般指标枪或者矛而非弓箭。但是Odysseus最开始是在拉弓比赛中显露身份，然后开始用箭射死Penelope的追求者，但弓箭用完之后换了类似的尖刺武器。

[5]Eurydice是著名乐师Orpheus的妻子，被蛇毒死后，Orpheus曾下地狱去拯救Eurydice，但因最后时刻的回眸而功亏一篑。参见《农事诗》IV.453-527。

[6]Cerberus，地狱三头犬。

[7]Dis指冥王*Hades*。

[8]Phlegethon是一条冥河，流淌的不是水而是火焰。

[9]Tartarus即罪狱，本是一原始神，后用来指地狱里面的一部分，关押罪孽深重之人。也可以指代整个地狱。

看！Ithaca人的妻子！Icarius之女！
她是Odysseus永远的荣光，
也是所有女性的荣光！
她耐心等待，直到那群疯狂追求者的纷乱，
一个个被远处的箭和标枪射穿！
可怜的Eurydice，你为何如此忧愁？
为何Orpheus的一眼回眸，
那代价到现在还在你身上停留？
他[1]真是无所畏惧啊——
他居然相信Cerberus有时会温顺，
他居然相信Hades对所有人都很善良！
他无惧Phlegethon汹涌着火焰之浪，
他无惧铁锈色天幕下的悲惨王国，
他无惧Hades的深渊殿堂，
他无惧Tartarus，被血色夜晚笼罩的模样！
这里可是Hades的神居，
若是没有经过他的审判，可没那么容易进去——
他的审判，是死后给你的一生功业做的评语！
但他之前的好运气让他变得胆大：
湍急的河流停住了脚步，
兽群循着他迷人的嗓音，在他面前驻足，
而橡树居然抬起了最深的树根，
高高地在绿色的土壤 ...
喧嚣的森林自己用贪婪的树皮抓取这歌声！

---

[1]指前面的Orpheus。

labentes biiuges etiam per sidera Lunae[1]
pressit equos et tu currentis, menstrua virgo,
285　　auditura lyram[2] tenuisti nocte relicta.
haec eadem potuit, Ditis, te vincere, coniunx,
Eurydicenque ultro ducendam reddere. non fas,
non erat in vitam divae exorabile mortis.
illa quidem nimium manes experta severos
290　　praeceptum signabat iter nec rettulit intus
lumina nec divae corrupit munera lingua.
sed tu crudelis, crudelis tu magis, Orpheu,
oscula cara petens rupisti iussa deorum.
dignus amor venia, gratum, si Tartara nossent,
295　　peccatum. meminisse grave est. vos sede piorum,
vos manet heroum contra manus. hic et uterque
Aeacides[3]: Peleus namque et Telamonia virtus
per secura patris laetantur numina, quorum
conubiis Venus et Virtus[4] iniunxit honorem:
300　　hunc rapuit serva, ast illum Nereis[5] amavit.

---

[1]Luna，月神。
[2]lyra即Orpheus手中的弦琴，后来变成了天琴座。
[3]Aeacus是古希腊的英雄人物，以公平公正闻名。他是Zeus与nymph仙女Aegina（一说Europa）之子，Peleus与Telamon之父，Achilles与Ajax的祖父。
[4]Virtus是美德的概念神化。
[5]Nereis指海神Nereus之女儿们，是一类水之妖精。

甚至月神的双驾马车，划过群星，

以月为期的少女啊，你也拉住了缰绳，

抛弃了夜晚，来聆听lyra的琴声！

就是这琴声，征服了你，Hades之妻，

允许他从深渊领着Eurydice回去。

但是神圣的律法不允许！

女神的律法对死者的生命可没那么宽容！

她深知鬼魂的凛冽，

遵循着既定的路线，

既不敢多看一眼，

也不敢多嘴坏了女神的恩典！

但是你这残忍，Orpheus，你更加残忍！

为了心爱的亲吻，你违背了死神！

这爱需要宽恕！

这可怜的错误，

就只让Tartarus了解清楚！

把它一直记着才是残酷！

在那英灵殿堂，还有很多英雄等着你们[1]——

这里有Aeacus的两个儿子：

Peleus，还有Telamon的美德，

他们享受着父亲的关照爱护，

Venus和Virtus还给他们的婚姻祝福：

一位被水仙女爱上[2]，一位被女奴隶[3]俘虏！

---

[1]这里"你们"似乎是对着女英雄说的。

[2]Peleus的妻子是海神Nereus之女，水仙女Thetis。

[3]这里指Hesione，Troia国王Laomedon之女，因其父发假誓而被神罚献祭给海怪。后被Hercules一行解救，但Laomedon又拒绝支付报酬，Hercules攻下Troia，杀死Laomedon，将Hesione作为战俘给了同行的Telamon。

assidet hic iuvenis sociatae gloria sortis,
alter in excessum referens a navibus ignis
Argolicis[1] Phrygios[2] torva feritate repulsos —
o quis non referat talis divortia belli,
305   quae Troiae videre viri videreque Graii,
Teucria[3] cum magno manaret sanguine tellus
et Simois Xanthique[4] liquor, Sigeaque[5] praeter
litora cum Troas saevi ducis Hectoris[6] ira
truderet in classes inimica mente Pelasgas[7]
310   vulnera tela neces ignes inferre paratos?
ipsa vagis namque Ida[8] potens feritatis ab ipsa
Ida faces altrix cupidis praebebat alumnis,
omnis ut in cineres Rhoetei[9] litoris ora
classibus ambustis flamma lacrimante daretur.
315   hinc erat oppositus contra Telamonius heros
obiectoque dabat clipeo[10] certamina, et illinc
Hector erat, Troiae summum decus, acer uterque:

---

[1]Argos是Peloponnese半岛的古国。这里的Argolicus指代Troia战争中的希腊人。

[2]Phrygia是今Turkey中部的古国。这里指代Troia人。

[3]Teucria即指Troia。其王族是Teucer的后代,

[4]Simois和Xanthus是Troia附近小河的名字。

[5]Sigeum是附近的一座小城,Achilles葬在此处。

[6]Hector是战争中Troia一方的大英雄。

[7]Pelasgus指代战争中的希腊人。

[8]Ida山也在Troia附近。

[9]Rhoeteum是Troia附近的一座城市。

[10]clipeus是一种小圆盾。

他们边上坐着的是一位年轻人[1]，

他的身上充满了与之共享的荣光；

另一位[2]，还在回忆Troia人的反击，

从熊熊火烧的希腊船上撤离。

啊，谁又不愿意去讲述那战场交错的兵刃！

Troia勇士之所见，希腊勇士之所闻！

Troia土地上，无数鲜血流淌，

Simois和Xanthus河水都泛着红光！

还有在Sigeum的海岸，

首领Hector，愤怒而疯狂，

驱使着充满敌意的Troia人攻击希腊的船舱，

无惧伤口，无惧标枪，

无惧火焰，无惧死亡！

还有那Ida山母亲[3]，那野性十足的Ida山区，

她也给自己着急游荡的孩子们，提供了火炬！

那些舰船，被烧成了废墟[4]，

整个Rhoeteum海岸，变成了哭泣的火焰地狱！

这边，Telamon之子[5]手持圆盾，对视而立，

那边，Hector，Troia的最高荣光——

这两方都是那么凄厉！

---

[1] 大概是Achilles。

[2] 指Ajax。在Troia战争中，Hector带领Troia人攻击希腊人的舰船，被Ajax奋力抵抗。但最终还是被烧毁了一艘希腊船。如果没有Ajax，Troia战争这时就很可能结束了。

[3] 原文是养母，而对应下行是养子。

[4] 原文是"灰烬"。

[5] 即Ajax。

fluminibus veluti fragor †est a turbine ni ...

tegminibus telisque super ...

320 eriperet reditus, alter Vulcania[1] ferro

vulnera protectus depellere navibus instat.

hos erat Aeacides vultu laetatus honores,

Dardaniaeque[2] alter fuso quod sanguine campis

Hectoreo victor lustravit corpore Troiam.

325 rursus acerba fremunt, Paris[3] hunc quod letat et huius

alta[4] dolis Ithaci virtus quod concidit icta.

huic gerit aversos proles Laertia[5] vultus,

et iam Strymonii[6] Rhesi[7] victorque Dolonis[8]

Pallade iam laetatur ovans rursusque tremescit:

330 iam Ciconas[9] iamque horret atrox †Lestrigone[10] ...

illum Scylla[11] rapax canibus succincta Molossis[12],

Aetnaeusque[13] Cyclops[14], illum metuenda Charybdis[15]

pallentesque lacus et squalida Tartara terrent.

---

[1]Vulcanus，火神。

[2]Dardanius指代Troia人。

[3]Paris是Troia的王子。就是因为他掳走了Helen导致了整场战争。

[4]一作arma。

[5]Laertes是Odysseus的父亲。

[6]Strymon是希腊北方Thrace的一条河。

[7]Rhesus是Thrace的国王，被Odysseus杀死。

[8]Dolon是Troia的密探，也被Odysseus杀死。

[9]Cicones指Hebrus河边的Thrace人。Odysseus回家路上与他们交战。

[10]Laestrygon人，居住在神秘的岛上，是食人族。

[11]Scylla是Odysseus归国路上遭遇的海怪，传说腰身围着凶狗。参见《牧歌集》VI.74-77。

[12]Molossis是一古国，在希腊西北。出产猎犬，参见《农事诗》III.405。

[13]Aetna火山在Sicilia。

[14]Cyclops是独眼巨人，在Aetna火山给Zeus锻造闪电。

[15]Charybdis是一只住在巨大漩涡底下的怪兽，真身不明。

正如河水的咆哮 ...

盾与矛在其上 ...

可以带回去；另一位，举着铁刃，

同时还在保护舰船因火神造成的伤痕！

那Aeacus的后裔[1]，因这些荣耀而笑容满满，

还有另外一位[2]，在Troia的平原浴血奋战，

作为胜者，拖着Hector的尸体围城绕圈！

不过，他们也将苦涩哀叹：

其中一位，被Paris暗算[3]，

另一位的高傲，被那Ithaca[4]人的诡计欺瞒[5]！

Laertes之子投来嘲讽的表情，

他相继战胜了Thrace的Rhesus还有Dolon，

这胜利让Athena[6]展露笑颜，

但他的归途却异常艰险：

先是遭遇了Cicones人，

然后是凶残的Laestrygon人 ...

还有这些吓人的家伙[7]：

贪吃的Scylla，她还围着Molossis的凶犬，

Aetna山的独眼巨人，和令人畏惧的漩涡，

苍白的水面，幽暗的Tartarus冥国！

---

[1]即Ajax，参见297行注。

[2]指Achilles。

[3]传说Achilles被Paris的毒箭射中而亡。

[4]Ithaca是Odysseus的老家。这里指代Odysseus，而接下来一大段是他Troia战争和归国路上碰到的事情。

[5]Achilles死后，Ajax和Odysseus争夺他的铠甲，后被裁判给Odysseus。Ajax羞愧自尽。

[6]Pallas是女神Minerva即*Athena*的别名。

[7]原文大意是下面这些东西把他吓到。

hic et Tantaleae[1] generamen prolis Atrides[2]

335 adsidet, Argivum[3] lumen, quo flamma regente

Doris[4] Ericthonias[5] prostravit funditus arces.

reddidit, heu, Graiius poenas tibi, Troia, ruenti,

Hellespontiacis[6] obiturus reddidit undis.

illa vices hominum testata est copia quondam,

340 ne quisquam propriae fortunae munere dives

iret inevectus caelum super: omne propinquo

frangitur invidiae telo decus. ibat in altum

vis Argea[7] petens patriam ditataque praeda

arcis Ericthoniae. comes huic erat aura secunda

345 per placidum cursu pelagus; Nereis[8] ab unda

signa dabat passim flexis super alta carinis,

cum — seu caelesti fato seu sideris ortu —

undique mutatur caeli nitor, omnia ventis,

omnia turbinibus sunt anxia; iam maris unda

350 sideribus certat consurgere, iamque superne

corripere et soles et sidera cuncta minatur

ac ruere in terras caeli fragor. hic modo laetans

---

[1]Tantalus，参见241行右页注。

[2]Atreus是Pelops之子，Tantalus之孙，Agamemnon与Menelaus之父。

[3]Argivus即Argos，常用来指代希腊或者Troia战争中的希腊一方。

[4]Doris原是希腊的部落，这里也是指代希腊人。

[5]Erichthonius是Dardanus之子，Tros之父。这里的"Erichthonius之城"指代Troia。参见30行注，但那里是另一个国王，火神之子Erichthonius。

[6]Hellespontus即Troia城所在的海峡。

[7]Argeus同样也是指代希腊。

[8]Nereis是一类水仙女，见300行注。

这里还坐着Agamemnon，

Atreus之子，Tantalus的直系，

他是希腊之光！ 由他带领，

希腊人的火焰将Troia城彻底夷平！

呜呼！ 希腊人已经偿还代价，

Troia！ 偿还你覆灭的代价！

沉没在Hellespontus[1]的波涛之下！

那军队曾经见证人类的变迁，

没有任何受神赐福的军队，

可以超过天国的光辉：

嫉妒[2]把一切荣耀全都摧毁。

希腊的武装，Troia的战利，

海上的奔波，归家的旅程：

平静的海面，和善的清风；

浪中的仙女，深海的信号；

弯曲的战船，指路的明灯——

但突然间，不知是因天国的神意还是升起的繁星，

天空的光辉全部躲藏，

四方的风神全部变装，

突起的暴风让人沮丧！

海浪突起，冲破星霄，

自上而下，让太阳与繁星动摇，

俯冲大地，那来自天国的怒嚎！

---

[1]战争之后，不少希腊舰船在归国途中遭遇风暴而沉船。

[2]原文是"嫉妒之枪"。

copia nunc miseris circumdatur anxia fatis

immoriturque super fluctus et saxa Capherei[1],

355 Euboicas[2] aut per cautes Aegaeaque[3] late

litora, cum Phrygiae[4] passim vaga praeda peremptae

omnis in aequoreo fluitat iam naufraga fluctu.

hic alii resident pariles virtutis honore

heroes mediisque siti sunt sedibus omnes,

360 omnes, Roma decus magni quos suscipit orbis.

hic Fabii[5] Deciique, hic est et Horatia virtus,

hic et fama vetus numquam moritura Camilli[6],

Curtius et, mediis quem quondam sedibus Vrbis

devotum bellis consumpsit gurges in unda,

365 Mucius et prudens ardorem corpore passus,

cui cessit Lydi[7] timefacta potentia regis,

hic Curius[8] clarae socius virtutis et ille

Flaminius[9], devota dedit qui corpora flammae.

---

[1] Caphereus角，在Euboea岛东南端。这里一直是海难多发地。

[2] Euboea岛在希腊东部，有一座很短的桥与大陆相连。

[3] Aegaeus即Aegean海。

[4] 见303行注。这里指代Troia。

[5] Fabius，Decius，Horatius都是罗马显赫的家族。

[6] 这里很可能是Marcus Furius Camillus，古代罗马的执政官，曾多次在战时任独裁官。

[7] Lydia是一古国，在今Turkey。这里指代Etruria，因为Etruria人被认为最早来自Lydia。

[8] 大概指Manius Curius Dentatus，罗马的执政官。他最主要的功绩是打败了Samnis人和Sabini人，使得罗马统一了半岛。

[9] 有可能是Gaius Flaminius，也是执政官，但查不到对应事迹，存疑。

之前兴高采烈的军队，

现在却忧心忡忡，被可怕的命运包围，

或在Caphereus角的波涛和山崖间丧生，

或在Euboea的乱石和Aegean海的宽广海岸上殒命；

而从那化为废墟的Troia搜刮来的战利品，

随着沉船，全部在大海上漂泊不停！

这里还坐着其他的英雄，

他们德行的荣光也是等同，

所有人都被安排在殿堂的正中，

罗马因所有这些人的英勇，

收获了这伟大世界的光荣！

这里有Fabius家，Decius家，

这里有Horatius的美德，

这里，Camillus的远古之名永不泯灭！

还有Curtius[1]，他曾在罗马的城中闪耀，

献身于战场，消失于深渊的波涛[2]！

还有Mucius[3]，他灵巧地用身体忍受烈火之苦，

那Etruria国王的强大，被他征服[4]！

这里有Curius，闪亮勇气的伙伴，

这里有Flaminius，把自己献给了火团！

---

[1]这是一位神秘的年轻人，名叫Marcus Curtius。前362年罗马地区地震，Forum中间出现地裂，永远填不平；人们请示神谕，被告知需要献祭罗马最珍贵的东西。Curtius骑着马，跟人群说罗马最珍贵的东西就是勇气与武装，然后纵身跃入深渊。深渊马上合拢，后为了纪念，这个地点被称为Lacus Curtius，即Curtius之湖。

[2]原文是被波涛吞噬。

[3]这是Gaius Mucius的故事。他在前508年罗马与Etruria战争时，潜入敌营试图刺杀国王Porsena。失败后，将右手放在火中献祭，面无惧色。这让国王惊惧万分，放他回罗马。之后他与他的后裔被称为Scaevola，即左撇子。

[4]原文是"因他而变成恐惧"。

iure igitur talis sedes pietatis honores.

* * * *

370 Scipiadasque[1] duces, quorum devota triumphis

moenia Romanis Libycae[2] Carthaginis horrent.

illi laude sua vigeant: ego Ditis opacos

cogor adire lacus, viduos a lumine Phoebi[3],

et vastum Phlegethonta[4] pati, quo maxima Minos[5]

375 conscelerata pia discernit vincula sede.

ergo iam causam mortis, iam dicere vitae

verberibus saevae cogunt ab iudice Poenae[6],

cum mihi tu sis causa mali nec conscius adsis.

sed tolerabilibus curis haec immemor audis

380 et tamen, ut vades, dimittes omnia ventis.

digredior numquam rediturus: tu cole fontes

et viridis nemorum silvas et pascua laetus,

at mea diffusas rapiuntur dicta per auras.'

dixit et extrema tristis cum voce recessit.

---

[1] Scipio家族，参与对Carthago战争。

[2] Libya，当时指非洲。

[3] Phoebus，即*Apollo*。

[4] Phlegethon是一条火焰冥河。

[5] Minos是古代Crete的国王，传说死后成了冥府的裁判官。

[6] Poenae是罪罚女神，常与Furies复仇女神混淆。

他们如此的住所便是尽职的荣耀所应得。
还有Scipio家的将军们，
他们在罗马的凯旋巡游，
让远在非洲的Carthago受到诅咒，
让他们的城墙瑟瑟发抖！

愿他们与自身的威名同在！
我在冥府幽暗的池沼，
那里没有Phoebus的闪耀；
我忍受着Phlegethon河的煎熬，
那里，Minos将好人送入神庙[1]，
那里，他将恶人用铁链拴牢！
于是凶残的罪罚女神Poenae拿着铁鞭，
让我陈述生的追求，死的留恋[2]，
而你，导致我的厄运，却不给我证言！
你这忘恩负义之人，现在认真听我说，
当你将要走时，一切会随风而逝。
我要走了，再也不会回来，
快乐的你就跟这山泉为伴，
跟绿荫为伴，跟牧场为伴，
而我的话语就化入风中，随它逝去。"
它郁郁地回头，留下这最后的话语。

---

[1] 这里原文大意是把善恶区分开。
[2] 原文causa可以指很多不同的意思，大概这里指生死流程的一种法律陈述。

385　　hunc ubi sollicitum dimisit inertia vitae
　　　　interius graviter regementem, nec tulit ultra
　　　　sensibus infusum culicis de morte dolorem,
　　　　quantumcumque sibi vires tribuere seniles
　　　　— quis tamen infestum pugnans devicerat hostem —
390　　rivum propter aquae viridi sub fronde latentem
　　　　conformare locum capit impiger. hunc et in orbem
　　　　destinat ac ferri capulum repetivit in usum,
　　　　gramineam viridi fodiens de caespite terram.
　　　　iam memor inceptum peragens sibi cura laborem
395　　congestum cumulavit opus, atque aggere multo
　　　　telluris tumulus formatum crevit in orbem.
　　　　quem circum lapidem levi de marmore formans
　　　　conserit, assiduae curae memor. hic et acanthos[1]
　　　　et rosa purpureum †crescent† pudibunda ruborem
400　　et violae[2] omne genus. hic est et Spartica myrtus
　　　　atque hyacinthos[3] et hic Cilici[4] crocus[5] editus arvo,
　　　　laurus item Phoebi[6] decus ingens, hic rhododaphne[7]
　　　　liliaque et roris non avia cura marini[8]

---

[1] acanthus即茛苕，作为观赏植物经常出现在建筑浮雕上。

[2] viola指Viola odorata香堇，或者同属的植物，不是紫罗兰。

[3] hyacinthus指Gladiolus communis或者同属的植物，中文名为唐菖蒲，不是现代命名的风信子。

[4] Cilicia在今Turkey南部，当时是罗马的行省。

[5] crocus指Crocus sativus，藏红花。

[6] *Apollo*最爱月桂，参见《牧歌集》VII.62。

[7] rhododaphne指Nerium oleander，夹竹桃。

[8] ros marinus即rosemary，迷迭香。

现在生活的倦意终于离开了烦恼之人，
心中深深地叹了一口气；
再无法忍受小虫之死的无边痛意，
他撑起那衰老的身体，
（衰老，但足够战胜那可怕的死敌！）
在河畔绿荫，开始打造一片隐秘。
在这里，他规划了一块圆形之地，
然后不断用铁锹[1]挖开草皮[2]。
他耐心地做完这已经开始的苦力，
堆起挖出的土块，形成圆形的坟体。
在其周围，他又认真填上大理石的碎砾。

这里，将来会长满莨苔[3]，
害羞的蔷薇，紫红色的花苞，
还有各色各样的香堇环绕。
这里有唐菖蒲和Sparta的桃金娘，
这里有藏红花，产自Cilicia的农场，
这里还有盛开的月桂，Apollo的伟大荣光，
还有夹竹桃和百合的模样，
加上本地培植的迷迭香。

---

[1]原文是铁器，按上下文应该是铁锹。
[2]原文很啰嗦，大概是"从绿色的草皮中挖出带草的泥土"。
[3]莨音艮，苔音勺或条。

herbaque turis opes priscis imitata Sabina[1]
405   chrysanthusque[2] hederaeque nitor pallente corymbo
et bocchus[3] Libyae regis memor, hic amarantus[4]
bumastusque[5] virens et semper florida pinus.
non illinc narcissus abest, cui gloria formae
igne Cupidineo[6] proprios exarsit in artus.
410   et, quoscumque novant vernantia tempora flores,
his tumulus super inseritur. tum fronte locatur
elogium, tacita firmat quod littera voce:
'parve culex, pecudum custos tibi tale merenti
funeris officium vitae pro munere reddit.'

---

[1]Sabina herba指Juniperus Sabina，学名为叉子圆柏，可以用作香料。

[2]chrysanthus有可能是Calendula officinalis，金盏花，也叫金盏菊或者万寿菊。

[3]Bocchus是古代Mauritania的国王。Mauritania位于北非地中海沿岸的西部。这里大概是一种纪念他而命名的花草。

[4]amarantus即Celosia argentea，中文为青葙，有淡红色的花，可以作为观赏植物。

[5]bumastus是一种果实硕大的葡萄，参见《农事诗》II.102。

[6]Cupido，即小爱神。

那圆柏，味道类似远古的香料，

金盏花，还有浅色花束，常青藤的闪耀，

bocchus，让人想起那非洲的国王，

这里还有青葙[1]，绿色的bumastus葡萄，

四季常青的苍松，长得高高；

还有水仙[2]，这里怎会缺少，

它荣光的美貌，对自己[3]点燃了Cupido的火苗。

春光带来的鲜花，都会在此处寻到，

在它前面，放着无声的哀悼：

"小蠓：

给当之无愧的你，

羊群的守护所立，

救命之恩的回礼。"

---

[1]音箱。

[2]即希腊神话中自恋的少年Narcissus。

[3]原文是自己的手。

AETNA

Aetna mihi ruptique cavis fornacibus ignes
et quae tam fortes volvant incendia causae,
quid fremat imperium, quid raucos torqueat aestus,
carmen erit. dexter venias mihi carminis auctor,
5   seu te Cynthos[1] habet, seu Delo gratior Hyla[2],
seu tibi Dodone[3] potior, tecumque faventes
in nova Pierio[4] properent a fonte sorores
vota: per insolitum Phoebo duce tutius itur.
aurea securi quis nescit saecula regis,
10   cum domitis nemo Cererem[5] iactaret in arvis
venturisque malas prohiberet fructibus herbas,
annua sed saturae complerent horrea messes,
ipse suo flueret Bacchus[6] pede mellaque lentis
penderent foliis et pingui Pallas[7] oliva,
15   secretos omnes aleret cum gratia ruris?

---

[1] Cynthus是Delos岛上的一座山，相传Apollo出生在此。Cynthus有时候也作为Apollo的别名。

[2] 大概指小镇Hyle，相传在Cyprus岛上，有Apollo的神庙。Apollo也被称为Hylates。

[3] Dodona是Zeus的圣地，有一片橡树林。

[4] Pieria在希腊北部，参见小蠓之歌18行注。

[5] Ceres，谷神，这里指代种子。

[6] Bacchus，酒神，这里指代酒。

[7] Pallas是智慧女神Minerva即Athena的别名，这里指代橄榄油。

火山之歌

Aetna火山，那深渊熔炉里喷发的火焰，
是什么强大的起因吐息着烈炎，
是谁发出充满统治力的怒吼，
是谁在呼啸着嘶哑的炽热，
——这些就是我要唱的歌。
幸运的开创者[1]啊，来襄助我的歌声！
无论你在Cynthus山上，
或是比Delos更甜美的Hyla，
又或者你更喜欢Dodona，
愿那迷人的姐妹[2]，同你一道，
从Pieria的泉水[3]，加快脚步，
来加入我这崭新的征途：
在陌生的领域，若有Phoebus的引路，
这探索将不再孤独[4]!
谁又不知，无忧之王[5]统治的黄金世代，
没有人需要把Ceres之种在田野里撒开，
也不用防止恶毒的野草占据萌发的小麦[6]，
那饱满的丰收每年会自己把谷仓填埋！
美酒自行流淌，蜜汁挂上柔嫩的树叶，
肥美的橄榄里，橄榄油自行流出——
田野的慷慨让分散的民众自给自足！

---

[1] 按下文大概指Apollo。
[2] 大概指Muse。
[3] 泉水能触发灵感，参见《农事诗》II.175。
[4] 原文是"更加安全"。
[5] 指Saturnus，参见《农事诗》I.129-132。
[6] 原文是"果实"。

non cessit cuiquam melius sua tempora nosse.
ultima quis tacuit iuvenum certamina, Colchos[1]?
quis non Argolico[2] deflevit Pergamon[3] igni
inpositam et tristi natorum funere matrem
20   aversumve diem sparsumve in semina dentem?
quis non periurae doluit mendacia puppis[4],
desertam vacuo Minoida[5] litore questus,
quicquid et antiquum iactata est fabula carmen?
fortius ignotas molimur pectore curas:
25   qui tanto motus operi, quae causa perennis
explicet in densum flammas et trudat ab imo
ingenti sonitu moles et proxima quaeque
ignibus irriguis urat, mens carminis haec est.

---

[1]Colchis是一古国，参见小蠓之歌250行注。
[2]指代希腊人。
[3]Pergama是Troia的城堡，也指代Troia。
[4]puppis本意是船尾，这里指代船。
[5]Minos之女，指Ariadne，曾被爱人Theseus遗弃在海岸。参见爱恋之歌152行注。

对于任何人而言，了解自己的时代总有益处。

谁又不会侃侃而谈，在遥远的国度，

在那Colchis，年轻人纷争的旅途[1]？

谁又没有伤心流泪，那Troia的城堡，

在希腊人的大火中熊熊燃烧[2]？

或是在儿子们的葬礼上，伤心欲绝的母亲[3]？

消失的白昼[4]，或是播种的龙牙[5]？

谁又没有痛惜，那假誓者的谎言之船[6]，

谁又没有哭泣，Ariadne被抛弃在空旷的海岸？

每一首远古的歌谣，

如今都成了陈腔滥调？

这未知的谜团每每让我心潮澎湃：

是何种动能导致如此的天灾；

又是何种永恒的原初[7]，

能在致密的岩石中释放火雾，

让岩浆伴随着巨大的声响，

从那最深的大地喷涌而出，

流淌的火焰将周围的一切化为焦土——

这些便是这诗歌的音符[8]。

---

[1] 这个大概是Jason的金羊毛故事。

[2] 指Troia战争。

[3] 大概是Hecuba，Troia的王后，Hector等人的母亲。

[4] 大概是关于太阳神*Helios*的神话。

[5] 神话中Cadmus和Jason都播种过龙牙，长出全副武装的士兵。

[6] 假誓者大概指Theseus抛弃Ariadne的事情，也有可能说的就是下面"谎言"的事情；谎言指的是他的船上挂上了黑帆而不是约定好标志胜利的白帆，导致他的父亲Aegeus跳海自杀。

[7] 原文是"起因"。

[8] 原文是"心思"。

principio ne quem capiat fallacia vatum
30   sedes esse dei tumidisque e faucibus ignem
Vulcani[1] ruere et clausis resonare cavernis
festinantis opus. non est tam sordida divis
cura neque extremas ius est demittere in artes
sidera: subducto regnant sublimia caelo
35   illa neque artificum curant tractare laborem.
discrepat a prima facies haec altera vatum:
illis Cyclopas[2] memorant fornacibus usos,
cum super incudem numerosa in verbera fortes
horrendum magno quaterent sub pondere fulmen
40   armarentque Iovem: turpe et sine pignore carmen.
proxima vivaces Aetnaei verticis ignes
impia sollicitat Phlegraeis[3] fabula castris.
temptavere — nefas! — olim detrudere mundo
sidera captivique Iovis transferre Gigantes
45   imperium et victo leges inponere caelo.
his natura sua est alvo tenus: ima per orbes
squameus intortos sinuat vestigia serpens.

---

[1]Vulcanus，火神。
[2]Cyclops，传说是在Aetna火山边上给Zeus锻造闪电的独眼巨人。
[3]参见小蠓之歌28行注。

首先，不要被诗人的浪漫[1]所俘虏，
认为Aetna是什么神的住处，
Vulcanus的火焰从膨胀的通道[2]涌出，
而密闭的洞穴中回响着工作的勤苦。
神明才不用做这样的脏活；
让那极远的星辰下凡做技工，纯属搞笑：
他们从天极，就能统治那山坳[3]，
又怎会花力气去做技术的苦劳？
诗人的另一个解释与先前不同：
他们说，Cyclops巨人们，用那些熔炉，
使出巨大的力量，铁砧上无数次的挥舞，
而那可怕的闪电，是给Juppiter熔铸——
丑陋的诗歌，无法让人信服！
接下来，一则Phlegra战场的渎神之言，
搅动了Aetna山顶那不灭的火焰：
曾经那些巨人们——他们真是罪孽深重——
他们试图把星辰剥离天空，
他们妄想控制Juppiter，推翻他的正统，
把自己的律法施加在落败的苍穹！
他们腰身以上都是自然的外皮[4]，
而底下却是带鳞的大蛇，圆圆的身体，
蜿蜒地扭出曲折的足迹！

---

[1]原文是"谎言"。
[2]原文是喉咙。
[3]大概指Aetna。
[4]即人形。

construitur magnis ad proelia montibus agger:
Pelion Ossa[1] premit, summum premit Ossan Olympus.
50 iam coacervatas nituntur scandere moles,
impius et miles metuentia comminus astra
provocat, infestus cunctos ad proelia divos
provocat admotisque trementia sidera signis.
Iuppiter et caelo metuit dextramque coruscam
55 armatus flamma removet caligine mundum.
incursant vasto primum clamore Gigantes.
hinc magno tonat ore Pater geminantque faventes
undique discordi sonitum simul agmine venti;
densa per attonitas rumpuntur fulmina nubes,
60 atque in bellandum quae cuique potentia divum
in commune venit; iam patri dextera Pallas
et Mars laevus erat, iam cetera turba deorum
stant utrimque secus. validos tum Iuppiter ignis
increpat et victor proturbat fulmine montes:
65 illinc devictae verterunt terga[2] ruina
infestae divis acies atque impius hostis
praeceps cum castris agitur materque[3] iacentis
impellens victos. tum pax est reddita mundo,
tum liber cessat, venit per sidera caelum
70 defensique decus mundi nunc redditur astris.

---

[1] 这里说的是*Poseidon*的两个儿子企图造反的事情，他们把这三座山互相叠加，企图登上天空。参见《农事诗》I.281。
[2] tergum本意是背部，这里指代山脊。
[3] 这里指母神*Gaia*，传说中生了这些巨人。

他们用巨大的山脉叠成战垒前线:

把Ossa加诸Pelion山尖,

又在Ossa上压上最高的Olympus山巅!

然后他们就试图去攀登这重峦,

不敬的士兵近身挑战畏惧的星辰,

粗鲁的叛军妄图挑衅所有的天神,

星座偏离,繁星骇震!

高空上,深感担忧的天父,

他给闪亮的右手装上电弧[1],给世界遮上黑幕。

首先,是巨人们咆哮的冲锋!

然后,父神大声地挥舞起闪电,

四方的风神同时赶来助阵——

互相冲突的狂风,互相叠加的轰鸣;

突然,粗长的闪电冲破惊惧的乌云,

战意满满的诸神,全部的能量在此汇聚!

Mars和Minerva分列在父神左右,

剩下的诸神也依次站在两头。

紧接着,胜利的天父降下怒炎,

把这重峦用雷霆生生劈成碎片!

与诸神对峙的敌军前线,被这山崩彻底摧毁,

这些渎神之人连同军营也被迎头击溃;

而大地母亲,也在此时驱逐了这些被征服的子嗣[2]。

于是和平回归世间,

于是自由重回大地,繁星返回了苍穹[3],

受庇佑的世间荣耀现在回到了星空!

---

[1]原文是"火焰"。

[2]可能指他们被判入Tartarus地狱。

[3]原文可能残缺,字面意思是"天空在星辰间返回"。

gurgite Trinacrio[1] morientem Iuppiter Aetna
obruit Enceladon[2], vasto qui pondere montis
aestuat et petulans expirat faucibus ignem.
haec est mendosae vulgata licentia famae.
75   vatibus ingenium est, hinc audit nobile carmen.
plurima pars scenae[3] rerum est fallacia: vates
sub terris nigros viderunt carmine manes
atque inter cineres Ditis pallentia regna,
mentiti vates Stygias[4] undasque canesque.
80   hi Tityon[5] poena stravere in iugera foedum;
sollicitant illi te circum, Tantale[6], cena
sollicitantque siti; Minos[7], tuaque, Aeace[8], in umbris
iura canunt idemque rotant Ixionis[9] orbem;
quicquid et ulterius falsi sibi conscia terret

* * * *

85   nec tu, terra, satis: speculantur numina divum
nec metuunt oculos alieno admittere caelo.

---

[1]Trinacria即Sicilia，Aetna火山所在地。其名字来自于它地图上的三角形状。

[2]Enceladus是一个巨人。

[3]scena又作scaena，本意是舞台幕布背景等，引申为舞台或者戏剧。

[4]Styx是一条冥河。

[5]Tityos，参见小蠓之歌238行。

[6]Tantalus，参见小蠓之歌241行右页注。

[7]Minos是Crete的国王，传说死后成为冥府的裁判官。

[8]Aeacus是Peleus的父亲，参见小蠓之歌298行，本篇21行右页注。传说他也成了冥府的裁判官。

[9]Ixion是早期神话人物，因勾引Hera被Zeus判入Tartarus地狱，受蛇索火轮之刑。

父神在重重深渊的三角岛，

将垂死的Enceladon埋在Aetna山下；

他在这山脉毁灭性的重压下燃烧，

喉咙里吐出肆无忌惮的火苗！

这漏洞百出的胡乱传闻广为流传——

诗人们总会有自己的本领[1]，

这样他们名句才会被聆听。

戏剧绝大多的部分都是虚构的事件：

在诗歌里诗人甚至还看过地底下黑暗的魂魄，

尸魂[2]遍野，死神的苍白冥国，

他们还假想了Styx的狗狗[3]和水波！

有些人让Tityos遭受刑罚[4]，

好几亩地上都是残骸的污秽；

另一些，Tantalus，他们在你周围，

用食物调戏你的胃，用清水调戏你的嘴！

对了，还有Minos，还有你，Aeacus，

他们在阴影中歌唱你们的裁判，

同样，他们把Ixion的火轮旋转！

那超乎认知的谎言，更是让人恐惧，

＊ ＊ ＊ ＊

大地，你也不能让这些诗人满足：

他们探求着神明的恩宠[5]，

并不畏惧把眼光置于遥远的天空。

---

[1]指有所创作。

[2]原文是尸体火葬后留下的骨灰。

[3]可能指Cerberus。

[4]这段作者把"描写创作"之类动词大多省略了，直接说诗人怎么怎么样对待地狱里的人。

[5]原文是"功能"。

norunt bella deum, norunt abscondita nobis
coniugia et falsa quotiens sub imagine peccet:
taurus in Europen[1], in Ledam[2] candidus ales
90   Iuppiter, ut Danaae[3] pretiosus fluxerit imber.
debita carminibus libertas ista, sed omnis
in vero mihi cura: canam quo fervida motu
aestuet Aetna novosque rapax sibi congerat ignes.
quacumque inmensus se terrae porrigit orbis
95   extremique maris curvis incingitur undis,
non totum est solidum, denso namque omnis hiatu
secta est intus humus penitusque cavata latebris
exiles suspensa vias agit: utque animanti
per tota errantes percurrunt corpora venae
100   ad vitam sanguis omnis qua commeat, †idem
terra foraminibus conceptas digerit auras.
scilicet aut olim diviso corpore mundi
in maria ac terras et sidera, sors data caelo
prima, secuta maris, deseditque infima tellus,
105   sed tortis rimosa cavis; ut qualis acervus
exilit inparibus iactis ex tempore saxis,

---

[1]Europa，*Zeus*变成公牛诱拐了她。
[2]Leda，*Zeus*化为天鹅与其交合，生下了双子座兄弟以及著名的美女Helen。
[3]Danae，大英雄Pereus的母亲。*Zeus*化为金雨与她交合。

他们不仅了解诸神的战争，

也知晓原本密不透风的情事——

Juppiter多少次用幻象掩饰自己的容貌：

Europa的公牛，Leda的白鸟，

还有那金贵的雨暴，在Danae身上灌浇。

这种借用[1]对诗歌来说是一种自由，

但是我要把精力都投入到这一切：

我将要唱响——

为什么燃烧的Aetna，会如此颠狂，

猛烈的火焰，又如何给自己凝聚新的力量！

被大海的浪涛所包围，这无边的地球[2]，

无论它延伸到何处，都不是完全实心的结构，

整个大地的内部都被密集的裂缝所切割，

洞穴深入，悬空的[3]通路形成细小的路网，

正如动物全身的血管密布流淌，

所有的血液给生命提供给养，

与此同理，大地的裂缝中空气在回荡。

众所周知，最初这世界的组成，

被分割为海洋，大地与星空，

首先是天空，其次是大海，

最后才是沉淀下来的大地——

这满是洞穴裂缝的大地。

就像是有时候不同的岩石堆在一起，

---

[1] 原文作者将这些情事比喻成一种借债。

[2] 指大地，但原文orbis就是地球的意思。

[3] 大概是假想这洞穴空间是"悬空"在土地里。

et crebro introrsus spatio rarusque cavernis
pendeat in sese. simili quoque terra figura
in tenuis laxata vias non omnis in artum
110   nec stipata coit; sive illi causa vetustas
nec nata est facies; seu liber spiritus intra
effugiens molitur iter; seu nympha[1] perenni
edit humum lima furtimque obstantia mollit;
aut etiam inclusi solidum vicere vapores
115   atque igni quaesita via est; sive omnia certis
pugnavere locis — non est hic causa docenda,
dum stet opus causae. quis enim non credit inanis
esse sinus penitus, tantos emergere fontis
cum videt ac totiens imo se mergere hiatu?
120   non ille ex tenui quocumque agat: apta necesse est
confluvia, errantes arcessant undique venas
et trahat ex pleno quod fortem contrahat amnem.
flumina quin etiam latis currentia rivis
occasus habuere suos: aut illa vorago
125   derepta in praeceps fatali condidit ore,
aut occulta fluunt tectis adoperta cavernis
atque inopinatos referunt procul edita cursus.

---

[1]这里借指水或者泉水。

松散地叠放，中间都是大量的空隙——
与之类似，大地的形状也是铺开的纤细路网，
而不全是紧密地聚拢成一团；
或许最初并非如此明显，
而是归因于悠长的时间；
或许是里面自由的"精神"[1]外逃，
破开了一条甬道；
或许土壤被持续的流水磨砺，
清除面前的障碍，一切悄无声息；
或许被锁住的蒸汽终于突破了禁锢，
精心打造留给火焰的通路；
或许所有这些缘由都在一起作用——
这里实在没有必要去研究原因的起点，
只要它的结果就在我们的眼前。
当人们常看到如此多涌出的清泉，
或是在深不见底的裂口，这水又消失不见，
谁又不会相信地底深处有蜿蜒的空间？
这水肯定不是从任何细小的地方而来，
需要有足够大的流径，
让密集的管网从各处汇流，
这样才有充足的水源产生强大的泉涌。
那些有宽广水面的河流，也会突然消失：
或是下陷的漩涡用死亡之口将其迎头吞噬，
或是它流入幽暗的洞穴，在地底下奔驰，
然后出人意料地，在远处重见天日。

---

[1]指激发态的空气，参见后文213行。

quod nisi diversos emittat terra canales,
hospitium fluvium sit semita nulla profecto,
130　fontibus et rivis non stet via pigraque tellus
conferta in solidum segni sub pondere cesset.
quod si praecipiti conduntur flumina terra,
condita si redeunt, si quaedam incognita surgunt,
haud mirum clausis etiam si libera ventis
135　spiramenta latent. certis tibi pignora rebus
atque oculis haesura tuis dabit ordine tellus.
inmensos plerumque sinus et iugera pessum
intercepta licet densaeque abscondita nocti
prospectare: procul chaos ac sine fine ruina est.
140　cernis et in silvis spatiosa cubilia retro
†antraque demersas penitus fodisse latebras:
incomperta via est operum; tantum effluit intra

* * * *

argumenta dabunt ignoti vera profundi:
tu modo subtiles animo duce percipe causas
145　occultamque fidem manifestis abstrahe rebus.

若是大地没有显露这多样的水沟，
那也就没有通道承载这些溪流，
没有大路留给河水和清泉行走——
无力的大地，浓聚成坚硬的形体，
将在缓慢的重量下，一片沉寂。
若是河流被大地的裂缝所隐藏，
若是这些隐藏的河流又重新现身，
若是有不知源头的水突然冒头，
那你就不至于会吃惊，
在自由的气孔里藏着被困住的清风。
大地会用充足的证据给你保证，
把它们一项项都展现在你的眼前。
人们常看到无边的蜿蜒地界，
那土地会一直跌落到谷底，
似乎是被藏进了深夜，
那远处，则是混沌与无尽的毁灭。
另外，你还能在森林里找到宽大的睡房，
深挖出来的洞穴提供了藏身之处，
这些通路并不为人所知；
那里面流出如此的 ...[1]
可以给这未知的深度作证明。
你要引导你的心智，理解这精妙的因果，
从简单的事情中领悟隐藏的真理。

---

[1]这里有缺行。大概是说，洞穴中流出的风可以证明其深度。

nam quo liberior quoque est animosior ignis
semper in inclusis, nec ventis segnior ira est;
sub terra penitus moveant hoc plura necesse est,
vincla magis solvant, magis hoc obstantia pellant.
150 nec tantum in rigidos exit contenta canales
vis animae flammaeve; ruit qua proxima cedunt
obliquumque secat qua visa tenerrima claustra.
hinc terrae tremor, hinc motus, ubi densus hiantis
spiritus exagitat venas cessantiaque urget.
155 quod si spissa foret, solido si staret in omni,
nulla daret miranda sui spectacula tellus
pigraque et in pondus conferta immobilis esset.
sed summis si forte putas concrescere †causis
tantum opus et summis alimentum viribus, ora
160 qua patula in promptu cernis vastosque recessus,
falleris et nondum in certo tibi lumine res est.

那更加自由的和更加勇敢的火苗，
总是在密闭的空间里闷烧，
而风的怒气并不会比它更少，
于是在地底深处运动，
它也必须有更大的质量[1]，
它要解开的枷锁越多，
它要冲破的阻碍也就越多。
被锁住的火焰或者空气，
并不是从既定的通道逃离；
它们会朝退缩的区域进行突击，
径直切开看起来最软弱的阻力。
于是有了大地的颤抖，于是有了运动，
致密的"精神"[2]冲破张开的管线，
挤压着那些停滞的基岩。
假如大地厚重而紧致，
假如它全部是坚硬的岩石，
那它就没法展现自己迷人的身姿，
只会因重量而挤压成一团无法动弹的凝滞。
但是，当你亲眼所见，
那宽大的地裂[3]和那空荡荡的无尽深渊，
你却若还是相信，这力量都是由表层的原因，
以表层的力量获得如此的能量与营养，
那你真是大错特错，
真理还没有给你射下耀眼的光芒！

---

[1]这里意思大概是，被重量压着还可以运动，必须是很大的质量。
[2]参见109行，213行。
[3]原文是用嘴比喻地裂或者峡谷。

namque illuc, quodcumque vacans hiat, impetus omnis,
at sese introitu solvunt adituque patenti
conceptae languent vires animosque remittunt.
165 quippe, ubi quod teneat ventos acuatque morantis
in vacuo defit, cessant, tantumque profundi
explicat errantis et in ipso limine tardat.
angustis opus est, ut turbent, faucibus: illic
fervet opus densaque premit premiturque ruina
170 nunc Euri[1] Boreaeque[2] Notus[3], nunc huius uterque.
hinc venti rabies, hinc saevo quassa citatu
fundamenta soli trepidant urbesque caducae.
inde, neque est aliud, si fas est credere, mundo
venturam antiqui faciem, veracius omen.
175 haec primo constat species naturaque terrae:
introrsus cessante solo trahit undique venas.

---

[1]Eurus，东南风之神，也指代东风之神。
[2]*Boreas*，北风之神。
[3]*Notus*，即南风之神Auster。

无论是在怎样的空间，这冲击力都是全方位的，
但是一旦进到内部，风就消解了自身的动能，
而且从洞口进去之后，
凝聚的力量就会变得疲软，丧失了活力。
事实上，那个能把握住迟疑的风，
把风变得锐利的力量[1]，
若是它也退缩进了虚空，
那风自然也就停止不动，
如此广阔的空间会让游走的风随意四散，
在自己的出口就使它们变得迟缓。
这些风需要狭小的出口才会猛烈，
那个出口由于做功而变得燥热；
南风先是压着致密的东风与北风；
而后又反过来被它们压倒，如此反复不歇。
于是风开始狂暴，
于是地基开始抖动，
而座落其上，坍塌的都市，
被这猛烈的运动摇摆得颤栗不停。
所以，若是传言可信，
的确没有其他更加真实的预言——
最古老的样貌会回归这个世界[2]。

这里我们先确立关于大地样貌和本质的理解：
这些通道四处拉扯着大地停滞的内部结构。

---

[1]这里大概指地底洞穴的形状，如果太宽广，那风也就不会太大；如果是狭小的出口，就容易有很强劲的风。
[2]就是世界回归到本初的样子。

Aetna sui manifesta fides et proxima vero est.

non illic duce me occultas scrutabere causas;

occurrent oculis ipsae cogentque fateri.

180 plurima namque patent illi miracula monti:

hinc vasti terrent aditus merguntque profundo,

porrigit hinc artus penitusque exaestuat intra,

hinc scissae rupes obstant discordiaque ingens,

inter opus nectunt aliae mediumque coercent

185 pars igni indomitae, pars ignes ferre coactae.

186 [ut maior species et ne succurrat inanis]

187b haec operis visenda sacri faciesque domusque,

187 haec illi sedes tantarumque area rerum est.

nunc opus artificem incendi causamque reposcit,

non illam parvo aut tenui discrimine signes:

190 mille sub exiguum venient tibi pignora tempus.

res oculos ducent, res ipsae credere cogent;

quin etiam tactu moneant, contingere tuto

si liceat; prohibent flammae custodiaque ignis

illi operi est, arcent aditus divinaque rerum

195 [ut maior species et ne succurat inanis[1]]

cura sine arbitrio est: eadem procul omnia cernes.

---

[1]195这行与186行完全一样，而且与上下文意不符，似乎是衍文。

Aetna自己就是最接近真相的证据。

你都不需要我给你指导那隐藏的原因，

它们自己就出现在你的眼前，让你不得不信。

这山上有许许多多的奇观：

这里，巨大的火山口跌入深渊，令人恐惧，

这里，手臂[1]四处延伸，内部熔岩沸腾！

这里，乱石嶙峋，形成巨大的路障，

其他的石头互相加叠，把中间的石头牢牢困住，

一些身处火焰，释放野性，

一些聚拢成团，压住火星！

[这宏大的样貌，一定不是徒有其表。]

这值得一看，犹如圣域的宫殿与景观；

这坐标让人茫然，这领域让人惊叹！

现在这工作还是需要制造火焰的匠人与起因，

不需要通过细小精微的区别，你就能发现：

很短的时间里，就有一千个证明向你走来！

它们自己就会引导你的眼球，

它们自己就会让你接受，

事实上，如果足够安全，

它们通过触摸就能了解——

但那火焰不允许，火可是这工程的守卫者！

它们阻止了人们的对接，

神圣之物不需要裁决[2]！

你只能远远地看着这一切！

---

[1]大概指从火山口向四方延伸的山脊。
[2]大概是说，神圣之物不是让你随便近看的。

nec tamen est dubium penitus quid torqueat Aetnam,
aut quis mirandus tantae faber imperet arti.
pellitur exustae glomeratim nimbus harenae,
200 flagrantes properant moles, volvuntur ab imo
fundamenta, fragor tota nunc rumpitur Aetna,
nunc fusca pallent incendia mixta ruina.
ipse procul tantos miratur Iuppiter ignes,
neve sepulta novi surgant in bella Gigantes,
205 neu Ditem regni pudeat, neu Tartara caelo
vertat: in occulto tantus tremor omniaque extra
congeries operit saxorum et putris harenae.
quae nec sponte sua saliunt nec corporis ullis
subiectata cadunt robusti viribus: omnes
210 exagitant venti turbas ac vertice saevo
in densum conlecta rotant volvuntque profundo.
hac causa expectata ruunt incendia montis.
spiritus inflatis nomen, languentibus aer.
nam prope nequiquam per se est violentia flammae:
215 ingenium velox illi motusque perennis,
verum opus auxilium est ut pellat corpora; nullus
impetus est ipsi; qua spiritus imperat, audit;
hic princeps magnoque sub hoc duce militat ignis.

我们从没有疑问，是什么在搅动Aetna深处的熔岩，

也不曾怀疑，是哪位精妙的匠人将如此奇观展现。

着火的沙团如云雾一样被吐息，

熔岩快速流动，基岩从最底部被卷起；

时而轰鸣声响彻Aetna，

时而火焰变暗，伴随着黑色的废渣！

远方的Juppiter也被火焰所惊叹，

生怕巨人们在尘埃落定的战场上归还！

或是Hades不愿待在自己的地盘，

要把天空与Tartarus交换！

在里头，火焰如此的汹涌澎湃，

在外头，乱石散沙将一切掩埋！

这些下落的熔岩可不是自己跳起，

也不是被什么固态的东西抛离大地：

是那风，让它们全部翻滚不息，

致密的聚集，被狂暴的旋风从最深处螺旋式吹起！

火焰就是因为这个原因，从山上奔流而下。

那激发态，名字就叫spiritus "气息"，

而对应的基态[1]，则被称为aer "空气"。

火焰自己的能量[2]几乎可以忽略：

它们运动不息，本性迅捷，

火焰本身没有任何动力，要外力的帮助才能推动实体；

那spirius指挥，它就听从；

这spirius就是伟大的首领，

而火焰就是其麾下的士兵。

---

[1]原文是"懒惰的"或者"迟钝的"。这里正好借用了关于电子基态与激发态的表述。

[2]原文是"暴力"。

nunc quoniam in promptu est operis natura solique,
220　unde ipsi venti, quae res incendia pascit,
cur subito cohibent vires, quae causa silenti,
subsequar; inmensus labor est sed fertilis idem,
digna laborantis respondent praemia curis.
non oculis solum pecudum miranda tueri
225　more nec effusos in humum grave pascere corpus,
nosse fidem rerum dubiasque exquirere causas,
ingenium sacrare caputque attollere caelo;
scire quot et quae sint magno natalia mundo
principia — occasus metuunt an saecula pergunt
230　et firma aeterno religata est machina vinclo —
solis scire modum et quanto minor orbita lunae,
haec brevior cursu ut bis senos pervolet orbes,
annuus ille meet; quae certo sidera currant
ordine quaeve suos servent incondita motus;
235　scire vices etiam signorum et tradita iura
235b　(sex cum nocte rapi, totidem cum luce referri)[1],
236　nubila cur caelo, terris denuntiet imbres,
quo rubeat Phoebe[2], quo frater palleat, igni;

---

[1]绝大多数版本没有此行。
[2]Phoebe即Phoebus的妹妹，Diana，常与月神Luna混淆。

现在我们已经看见大地及其运动的特性，
所以我接下来要研究风，它是何物所生，
为何它突然抑制了力量，为何悄然无声；
无尽的苦活，但终将结出硕果，
辛勤的劳作，才有应得的收获。

不要像牲畜一样单单用眼睛去看这座奇迹，
正如不要倒在地上就希望喂饱沉重的身体。
了解事情的真相，研究模棱两可的因果，
专注你的天性，让思想升入天边的神国[1]。
要了解宏大的世界中有哪些元素，具体有多少数量——
它们会害怕毁灭，还是会穿越永恒，
整个体系[2]被无尽的枷锁牢牢地绑定！
要了解太阳的参数，月亮的轨道周期会少几分[3]，
所以当太阳转了一整年，
而月亮沿着更短的轨道已经运行了两个六圈；
哪些星星在既定的线路上穿行，
又有哪些不定的星星[4]守着自己的路径。
要了解星座的变化，它们遵循的规则，
（六个在夜里下落，同样的数量在白天回归[5]。）
月神为何在地上宣告了暴雨，为何在天上宣告了云彩，
为何火焰[6]让她会变红，为何她的兄弟会变得苍白；

---

[1] 大概是说提升脑袋瓜的思维水平。
[2] 原文是"机械"。
[3] 按照地心说，太阳和月亮都围着地球转圈。
[4] 指行星。
[5] 这里指的是黄道十二宫，即背景星图（恒星天）每天的运行。
[6] 大概指大火造成的烟雾让太阳变暗，让月亮变红。

tempora cur varient anni, ver, prima iuventa,

cur aestate perit, cur aestas ipsa senescit

240 autumnoque obrepit hiems et in orbe recurrit;

axem scire Helices[1] et tristem nosse cometen,

Lucifer[2] unde micet, quave Hesperus[3], unde Bootes[4],

Saturni quae stella tenax, quae Martia pugnax,

quo rapiant nautae, quo sidere lintea tendant,

245 scire vias maris et caeli praediscere cursus,

quo volet Orion[5], quo Sirius[6] incubet index,

et quaecumque iacent tanto miracula mundo

non congesta pati nec acervo condita rerum,

sed manifesta notis certa disponere sede

250 singula, divina est animi ac iucunda voluptas.

sed prior haec homini cura est, cognoscere terram

quaeque in ea miranda tulit natura notare:

haec nobis magis adfinis caelestibus astris.

nam quae mortali spes est, quae amentia maior,

255 in Iovis errantem regno perquirere divos,

tantum opus ante pedes transire ac perdere segnem?

---

[1]Helice指大熊座。

[2]Lucifer，晨星。

[3]Hesperus，昏星。

[4]Bootes，即牧夫座。

[5]Orion即猎户座。

[6]Sirius即天狼星，在猎户座边上。

为何一年有四季的变化，

那春日，最美好的青春，为何在夏天消逝，

为何夏日自己也会老去，

秋日悄然来临，然后冬日回归，完成轮回；

要了解北斗的轴线[1]，认识厄运的彗星，

晨星何时耀眼，昏星何时闪现，

还有那牧夫座的时间；

粘着Saturnus的星星[2]，

还有好战的Mars之星，

水手们在什么星象下收船，又何时扬帆启航，

要了解大海的路径，预计天空的航线，

何时猎户座飞逝，何时天狼星[3]孕育着指引，

不要忍受这世界上任何惊奇的形态，

就这样躺在那里，被一堆表象所掩埋，

而是把它们一个个分门别类，标识清楚——

这事对灵魂，是神圣而愉悦的满足！

但对人类来说，更需要关心的是去认识大地，

了解自然在它[4]身上带来的惊奇：

比起这片临近我们的大地，

苍穹上的繁星实在遥不可及。

试想一个凡人，想去天国漫游，寻找神明，

却对双脚面前的事物无动于衷，兴味索然，

那他还有什么希望，还有什么事更加疯狂？

---

[1]Vergil的时代，大熊座比现在更接近北极。

[2]指土星。

[3]古人以凌晨时分升起的天狼星为标志，预计盛夏的到来。参见《农事诗》II.353。

[4]指大地。

257 torquemur miseri in parvis premimurque labore:
276 scrutamur rimas et vertimus omne profundum,
277 quaeritur argenti semen, nunc aurea vena;
278 torquentur flamma terrae ferroque domantur,
258 dum sese pretio redimant, verumque professae
tum demum vilesque iacent inopesque relictae.
260 noctes atque dies festinant arva coloni;
callent rure manus, glebarum expenditur usus:
fertilis haec segetique feracior, altera viti,
haec plantis humus, haec herbis dignissima tellus,
haec dura et melior pecori silvisque fidelis,
265 aridiora tenent oleae, sucosior ulmis
grata. leves cruciant animos et corpora causae,
horrea uti saturent, tumeant ut dolea[1] musto[2],
plenaque desecto surgant faenilia campo:
sic avidis semper quidvis est carius ipsis.

---

[1]doleum又作dolium，是一种储藏食物或者酒的大型陶缸。
[2]mustum是没有发酵过的新鲜葡萄汁。

但不幸的我们一直因琐事而纠缠，被苦劳所压迫：
我们搜索每一条裂缝，挖开每一道深渊，
寻找白银的种子，追求黄金的矿脉；
用烈火折磨土地，用铁器征服旷野，
而今她们[1]用珍宝为自己赎身，
在献出一切真金白银之后，
就被无情抛弃，变得一无所有。
无论黑夜还是白天，
农夫们都时刻驱使着农田；
双手在地里变得麻木，
土地的用途得到测验：
这块肥沃，更适合当麦田，
另一块则要种葡萄；
这块适合种树苗，
另一块最值得种草药；
这块坚硬的土地更适合牲畜与树木，
橄榄树喜欢把握干燥，
榆树最爱土地湿润偏潮。
细琐的事由，折磨着我们的精神与肉体，
新粮堆满了谷仓，酒浆溢出了陶缸，
收割后的平原，干草垛一个个垒上，
那贪心的儿郎，
总有东西比他们自己更值得守望。

---

[1]指上行的土地。

270 implendus sibi quisque bonis est artibus: illae
sunt animi fruges, haec rerum maxima merces,
scire quid occulto terrae natura coercet,
nullum fallere opus, non mutum cernere sacros
Aetnaei montis fremitus animosque furentis,
275 non subito pallere sono, non credere subter
279 caelestis migrasse minas aut Tartara rumpi;
280 nosse quid intendat ventos, quid nutriat ignes,
unde repente quies et †multo† foedere pax sit.

* * * *

concrescant animi penitus; seu forte cavernae
introitusque ipsi sorbent; seu terra minutis
rara foraminibus tenues in se abstrahit auras
285 — plenius hoc etiam rigido quia vertice surgens,
illinc infestis atque hinc obnoxia ventis,
undique diversas admittere cogitur auras,
et coniuratis addit concordia vires —
sive introrsus agunt nubes et nubilus Auster[1],
290 cum montis texere caput tergoque feruntur,
praecipiti deiecta sono premit unda fugatque
torpentes auras pulsataque corpora denset;

---

[1]Auster，南风之神。

每个人都要投身于高贵的艺术：
它们是精神的果实，世界的最高奖赏——
你将知道，自然将什么在地下的黑暗中存放，
不会弄错Aetna山的工作机制，
不会在它神圣的轰鸣与狂暴的能量前手足无措，
不会被突然的声响所惊吓，
不会相信天界的威胁转移到地下，
更不会相信Tartarus从地底爆发；
你会知道是什么引导风向，是什么哺育火焰，
为何会突然安静，为何和平在许多契约之间。

* * * *

能量在深处浓聚；
或者，洞穴和入口自己把能量吸收，
或者，细小的开口，土地的松散结构，
把轻细的风纳入自己体内游走。
（而这里的情况是全方位的，
因为这山有坚固的山峰，
被四面[1]的劲风同时夹击，
所以也就被迫吸纳了各方的气息，
这种协作叠加效果，齐心协力。）
或者是南风之神裹挟着云团将风驱赶，
它们遮蔽了山顶，盘踞在山脊，
倾盆而下的雨水，爆发出湍急的响声，
它压迫并驱驰着迟钝的空气，
把它们聚在一团，形成致密的形体。

---

[1]原文是"来自这里的和来自那里的"。

nam, veluti sonat ora diu Tritone[1] canoro

— pellit opus collectus aquae victusque moveri

295   spiritus et longas emugit bucina voces —

carmineque irriguo magnis cortina theatris

imparibus numerosa modis canit arte regentis,

quae tenuem impellens animam subremigat unda,

haud aliter summota furens torrentibus aura

300   pugnat in angusto et magnum commurmurat Aetna:

301   credendum est aliquam ventorum existere causam

302   sub terra similis harum quas cernimus extra[2]

303   ut condensa premant inter se corpora, turbam

elisa in vacuum fugiant et proxima secum

305   momine torta trahant tuta dum sede resistant.

quod si forte mihi quaedam discordia tecum est,

principiis aliis credas consurgere ventos:

308   non dubium rupes aliquas penitusque cavernas

309   proruere ingenti sonitu casuque propinquas

310   diffugere impellique animas, hinc crescere ventos;

aut umore etiam nebulas se effundere largo,

ut campis agrisque solent quos adluit amnis.

vallibus exoriens caligat nubilus aer,

flumina parva ferunt auras, vis proxima vento est,

315   eminus adspirat fortis et verberat umor.

---

[1]Triton是海神Neptune的儿子，传说带着一只海螺号角。
[2]302行有现代版本修订到308行之后，但似乎没有必要。

正如海岸边一直响着Triton的号角，

（水和被召集的风一起作用，

这号角就吹出悠长的音调。）

或是大剧院中水动力的风琴[1]，

通过乐师的技艺，演奏出音调不同的韵律；

同样的原理，这急切的风也是被流水所迫，

而水的压力，像划桨一样推动纤细的空气，

这风在狭小的通道中缠斗，

就让Aetna发出巨大的怒吼！

我们相信这风有什么理由，

在地下也和我们能看见的地上类似，

自己相互挤压成致密的形态，

冲破了虚空，大量逃离，

旋风用这动力卷起了周围，

一直到回归住处[2]才停下。

要是万一你跟我意见不一致，

那你也该相信风的形成有其他的原因：

毫无疑问，地底深处的岩石和洞穴也会分崩离析，

这样空气也就会被挤压出来，形成流动的风；

或是像常常在河水浸润的农田和平原，

湿气重的时候，云雾也会自行扩散。

从山谷升起，云气裹挟着阴暗，

小河携着微风，动力就在风的边上，

而河水吐息，还能带动很远的风[3]。

---

[1]cortina这里指一种用水和机械结构形成气压，弹奏音乐的乐器。

[2]这里用的sedes大概表示住宅。

[3]这两句意义不明。可能是说河水紧邻着空气，但是能通过吐息带动很远处的风力。

atque haec in vacuo si tanta potentia rorum est,

hoc plura efficiant infra clusique necesse est.

his igitur causis extra penitusque coactus

exagitant ventos; pugnant in faucibus; arte

320   pugnantis suffocat iter. velut unda profundo

terque quaterque exhausta graves ubi perbibit Euros[1],

ingeminant fluctus et primos ultimus urget,

haud secus adstrictus certamine tangitur ictu

spiritus involvensque suo sibi pondera nisu

325   densa per ardentes exercet corpora vires,

et, quacumque iter est, properat transitque †moramen,

donec confluvio, veluti siponibus actus,

exilit atque furens tota vomit igneus Aetna.

quod si forte putas summis decurrere ventos

330   faucibus atque isdem pulsos remeare, notandas

res oculis locus ipse dabit cogetque negare.

quamvis caeruleo siccus Iove fulgeat aether

purpureoque rubens surgat iubar aureus ostro[2],

334   illinc obscura semper caligine nubes

336   prospectat sublimis opus vastosque recessus

335   pigraque diffuso circum stupet undique vultu.

---

[1]Eurus，东南风之神，又指代东风之神。
[2]ostrum是一种贵族用的紫色染料，也叫皇家紫，颜色偏红。

这水在空旷处就有如此的势能，
在那密闭的内部空间就会更加有效。
所以在这些因素作用下，
无论是在外面还是在地底深处，
总会有动力驱动着风；
它们在狭小的通道里互相冲突，
这受限的冲突也就阻碍了它们的通行。
正如海水三四次从深处卷起，
吸入了猛烈的东风，
后浪堆上前浪，个头成倍增加！
同样，"精神[1]"被冲突压缩，被力量胁迫，
自己将压力内卷给自己，
最后在火焰中推动沉重的身体——
无论哪里有通路，
它都会冲破阻碍，迅速冲出，
最终，像是被水泵吸出一般的热流涌现，
将整个Aetna山区盖上了狂暴的熔岩。
或许你会认为，风是从山顶流入，
然后从同一地点喷出，
这地点自己就会把铁证展现在你眼前，
让你确信是被自己的谬误所欺骗：
即使清朗的空气闪耀在湛蓝的高空，
金色的日出用红紫色渲染了天穹，
就在那山上，云朵你一直能看见，
在黑色的云雾里，深邃的凹陷，
这云就静静地呆在那里，仿佛静止的时间。

---

[1] 参见213行。

337   non illam †videt† Aetna nec ullo intercipit aestu:
obsequitur quacumque iubet levis aura reditque.
placantes etiam caelestia numina ture
340   summo cerne iugo, vel qua liberrimus Aetna
introspectus hiat tantarum in semina rerum,
si nihil irritet flammas stupeatque profundum.
hinc igitur cernis torrens ut spiritus ille,
qui rupes terramque rotat, qui fulminat ignes,
345   cum rexit vires et praeceps flexit habenas,
praesertim ipsa suo declinia pondere numquam
corpora deripiat validoque absorbeat actu?
quod si fallor, abest species tantusque ruinis
impetus adtentos oculorum transfugit ictus,
350   nec levis astantes igitur ferit aura movetque

                          * * * *

sparsa liquore manus sacros ubi ventilat ignis,
verberat aura tamen pulsataque corpora nostris
incursant: adeo in tenui vim causa repellit.

Aetna既没有看到它，也不会用热力将其驱散：

它只是随着微风飘动，继而复返。

你也看下那山顶上，取悦天国神明的香料[1]，

或是在Aetna上，

只要没有东西去触怒火苗，

只要无尽深渊停止了咆哮，

你就能打开无比自由的视角[2]，

看到如此壮阔的事物，它原初的相貌[3]。

于是在此处，你看到猛烈的气流，

它可以翻转岩石与土地，

它可以点燃火焰，

而当它控制了力量，快速地握住了缰绳，

也从来不会撕扯因自身重力而退缩的躯体，

然后在剧烈的运动中吞下[4]？

若是我错了，若是缺少可见的证据，

这样程度的冲击能躲开专注的双眼，

让你以为轻薄的空气也没法控制或移动周围的物体，

* * * *

像是沾湿的手掌在拨弄神圣的火焰，

那空气和受激的形体还是会打在手上[5]：

这就是在纤细的物体里也可以反馈出力量的原因。

---

[1]大概是说那些献祭的人们也没有被风吸进去。

[2]这句原文句式结构比较奇怪，大意是说"这个视角在如此的景色下张开了"。

[3]原文是"种子"，即指爆发前火山的初始状态。

[4]这段很难懂。可能是说空气静止时的情况。

[5]这段大概是说，你如果不相信空气这么轻薄的物体可以有这么大的推力，那就沾湿了手去感受下火焰，你手上虽然不会烫到，但是还能感觉到有力施加在上面。

* * * *

non cinerem stipulamve levem, non arida sorbet

355 gramina, non tenuis placidissimus excit apludas.

surgit adoratis sublimis fumus ab aris:

tanta quies illi est et pax innoxia rapti.

sive peregrinis igitur propriisve potentes

coniurant animae causis, ille impetus ignes

360 et montis partes atra subiectat harena,

vastaque concursu trepidantia saxa fragoris

ardentisque simul flammas ac fulmina rumpunt,

haud aliter quam, cum prono iacuere sub Austro[1]

aut Aquilone[2] fremunt silvae, dant bracchia nodo

365 implicita ac serpunt iunctis incendia ramis.

nec te decipiant stolidi mendacia vulgi,

exhaustos cessare sinus, dare tempora rursus

ut rapiant vires repetantque in proelia victi;

pelle nefas animo mendacemque exue famam.

370 non est divinis tam sordida rebus egestas,

nec parvas mendicat opes nec conrogat auras.

---

[1]Auster, 南风之神。
[2]Aquilo, 北风之神, 即*Boreas*。

＊　＊　＊　＊

它[1]在最平静的时候，
不会吹走灰尘或者轻盈的秸秆，
不会吸走干燥的枯芒，
甚至不会搅动那纤细的谷糠。
受享的祭坛，青烟袅袅直上——
无比的寂静，无法剥夺的和平时光。

无论是外部或是内部的原因，
风之原力现在聚在一起，
那力量卷起了火焰，卷起了山岩，
卷起了黑沙连片！
受到冲击，巨大的岩块崩涌，
喷发出燃烧的火焰，响声雷动，
正如森林在北风中哀哭，
也在凌冽的南风下倒伏，
枝条互相打结，火焰在林间起舞！
不要让愚众的谎言把你欺骗，
以为那精疲力竭的凹陷会收敛，
以为时间会让战败的它重新抓住力量，
重新回到激烈的战场。
你要把这不敬的想法从灵魂赶出，
把这虚假的流言彻底祛除。
神明的日子才没有那么穷苦，
他们不会去召唤风的脚步，
更不会祈求它们微小的帮助。

---

[1] 上行有缺文，大概指风。

praesto sunt operae, ventorum examina, semper:
causa latet quae rumpat iter cogatque morari.
saepe premit fauces magnis exstructa ruinis
375   congeries clauditque vias luctamine ab imo
et spisso veluti tecto sub pondere praestat
†aut† similis, teneros cursu — cum frigida monti
desidia est tutoque licet descendere — ventos.
post, ubi convaluere mora, velocius urgent,
380   pellunt oppositi moles et vincula rumpunt;
quicquid in obliquum est, frangunt iter; acrior ictu
impetus exoritur, magnis operata rapinis
flamma micat latosque ruens exundat in agros.
sic cessata diu referunt spectacula venti.
385   nunc superant quaecumque creant incendia silvae[1].
quae flammas alimenta vocent, quid nutriat Aetnam

* * * *

incendi poterunt. imis vernacula claustris
materia adpositumque igni genus utile terrae est.

---

[1]silva这里应该不是指森林，而是"大量的某物"。

风之集群，总是整装待命：
让人疑惑的是何事让它们中断行程，迟疑磨蹭。
常常会有一大堆崩塌的乱石堵住出口，
关闭上连通深处翻腾涌动的路径，
如同在厚重屋顶的重压之下，
或是冰雪封山，能够安全地下降[1]，
——如此堵住了微风的航程。
之后，因这中断，风反而会积蓄力量，
它会更迅速地冲出，
从反面推动这大堆的重物，
打破这枷锁的束缚；
挡路的无论是谁，它都会将其粉碎；
在冲击中，形成了更加猛烈的力量：
忙碌的火焰，如同劫掠一般横冲直撞，
毁灭的熔岩，在广袤的农田肆意流淌。
在长久的停歇之后，这风回到了舞台之上！

剩下的问题就是这大量的火焰从何而来。
何种燃料召唤了火焰，何物滋养了Aetna，

* * * *

能够点燃[2]。
在最深处的密闭空间，有天然的燃料，
一类适合的土地[3]，在火焰边上就能找到。

---

[1]这里大概是打了两个比喻，一个是像被重的屋顶压住，一个是像被大雪封山（可以下到火山口），都有可能堵住风的路径。

[2]前面缺行大概说不是所有的东西都能点燃。

[3]这里"土地"大概指代岩石，或者火山的燃料。

uritur assidue calidus nunc sulphuris umor,
390　　nunc spissus crebro praebetur alumine[1] sucus,
pingue bitumen adest et quicquid comminus acris
irritat flammas, illius corporis Aetna est.
atque, hanc materiam penitus discurrere testes,
infectae eructantur aquae radice sub ipsa.
395　　pars oculis manifesta iacet, quae robore[2] dura est
ac lapis: in pingui fervent incendia suco.
quin etiam varie quaedam sine nomine saxa
toto monte liquant. illis custodia flammae
vera tenaxque data est, sed maxima causa molaris
400　　illius incendi lapis est: hic vindicat Aetnam.
quem si forte manu teneas ac robora cernas
nec fervere putes ignem nec spargere posse,
sed simul ac ferro quaeras, respondet et ictu
scintillat dolor. hunc multis circum inice flammis
405　　et patere extorquere animos atque exue robur:
fundetur ferro citius, nam mobilis illi
et metuens natura mali est, ubi cogitur igni.

---

[1] alumen即alum，明矾。明矾不能燃烧，这里可能是某种副产物，或者是指代其他白色的结晶。
[2] 作者用robor这个词表示石头的内部，内核，或者精华物质。

有时候是炽热的液态硫磺[1]一直在燃烧，

有时候有明矾析出的粘稠液体，

那就说明油性沥青的存在[2]，

各种矿物，一碰就触发凶猛的火苗——

组成Aetna的就是这些成分。

然后，作为这些矿物深入地下的佐证——

在山脚冒出的，被其污染的水泉。

有一部分证据就在你的眼前，

核心如同坚硬的石块，

而火焰就在油性的汁液中燃烧。

整座山上，火焰还分别融化了不知名的石头。

它们被赋予了真实而持久，守护火焰的职责，

但磨石[3]是那个火最大的来源：

是它守护了Aetna山。

当你亲眼见到它的坚固，亲手摸到它的硬度，

你不会相信它可以点燃，

更不会相信它会让火焰弥漫，

但是只要你用铁器去拷问，

它就会用火花回应它的疼痛。

你要把它扔到众多火焰之间，

让火撕扯它的精神，消磨它的意志：

它只会比铁更快地变成流体，

因为它生性易变，畏惧火焰的气息。

---

[1] 单质硫磺主要出现在火山边上。

[2] 明矾与沥青似乎没有化学上的关系，存疑。

[3] 原文就是用来磨谷物的磨石，这里指代熔岩。在火山地区人们会使用火山熔岩石当作磨石。

sed simul atque hausit flammas, non tutior haustis
ulla domus; servat faciem duratque tenaci
410　　saepta fide: tanta est illi patientia victo.
vix umquam reddit vires atque evomit ignem,
totus enim denso stipatus robore tarde
per tenuis admissa vias incendia nutrit
cunctanterque eadem et pigre concepta remittit.
415　　nec tamen hoc uno, quod montis plurima pars est,
vincit et incendi causam tenet ille. profecto
miranda est lapidis vivax animosaque virtus;
cetera materies quaecumque est fertilis igni,
ut semel accensa est, moritur nec restat in illa
420　　quod repetas, tantum cinis et sine semine terra est;
hic semel atque iterum patiens ac mille perhaustis
ignibus instaurat vires nec desinit ante
quam levis excocto defecit robore pumex[1]
in cineremque putresque iacet dilapsus harenas.

---

[1]pumex即火山石，又称浮石，是一种多孔的火山岩。

但是一旦它吸收了烈火，
对这被吸收的东西来说，
它并非是安全的居所；
这石头会保持自己的样貌，
维护自己坚定的信仰：
即使战败也会耐性十足。
它几乎不会倾泻力量，释放火焰，
因为它全身被压缩，生成致密的内核，
只会通过细小的通道缓慢地给火焰给养，
把吸收进去的再放出来，
就会显得缓慢而不情愿。
它并非因为占了整座山最大的部分，
才可以战胜并控制火焰。
而真正让人惊奇的，
是这石头持久与坚韧的品性。
其他任何易燃的材料，
只要当它们碰到火苗，
就会烧得一干二净，
里面再也找不到可以复燃的物质，
只剩灰烬和没有生机[1]的焦土。
而这石头却一次又一次忍受，
吞下了千重的火焰，
又重塑了力量，不会停歇，
直到那核心的部分燃尽，
剩下轻飘飘的浮石，
碎解成灰烬和松散的沙砾。

---

[1]原文是种子，大概指火星。

425 cerne locis etiam, similes adsiste cavernas:

illic materiae nascentis copia maior,

sed genus hoc lapidis — certissima signa coloris —

quod nullas adiunxit opes, elanguit ignis.

discitur indiciis flagrasse Aenaria[1] quondam,

430 nunc extincta super, testisque Neapolin[2] inter

et Cumas[3] locus est, multis iam frigidus annis,

quamvis aeternum pingui scatet ubere sulphur.

in mercem legitur, tanto est fecundius Aetna.

insula, cui nomen facies dedit ipsa Rotunda[4],

435 sulphure non solum nec obesa bitumine terra est,

et lapis adiutat generandis ignibus aptus,

sed raro fumat, quin vix, si accenditur, ardet,

in breve mortalis flammas quod copia nutrit.

in sola durat Vulcani nomine Sacra[5],

440 pars tamen incendi maior refrixit, et alto

iactatas recipit classes portuque tuetur;

quae restat minor est dives satis ubere terrae,

sed non Aetnaeis vires quas conferat illi.

atque haec ipsa tamen iam quondam extincta fuisset,

445 ni furtim adgereret Siculi[6] vicinia montis

materiam silvamque suam pressove canali

huc illuc ageret ventos et pasceret ignes.

---

[1]Aenaria岛在Naples外海，相传是Aeneas在Italia的登陆地。
[2]Neapolis即今Naples，Cumae人的一处殖民地。
[3]Cumae是希腊人最早在Italia的殖民地，在今Naples郊区。
[4]rotundus本意是圆形，这里是指Sicilia岛北面的Stromboli火山岛。
[5]今Vulcano岛，也在Sicilia岛北面，这片海域有四五座类似的火山岛。
[6]Siculi即Sicilia岛。

你要到那些类似的洞穴里，看那些地方，
天然生长的物质会更多更丰富，
但是这种石头[1]（它的色彩最容易分辨），
并没有参与地质活动，火焰也就因此黯淡。
我们可以从一些信息中学习：
Aenaria岛曾经熊熊燃烧，现在却已经熄灭；
而在Neapolis和Cumae之间有个地点，
已经冷却很多年，
但大量油性的硫磺还是持续不断地涌现。
人们收集它买卖，比那Aetna还要来钱。
那个因其形状而得名的"圆形"之岛，
那里的土地不仅富有硫磺和沥青，
当地的一种石头还可以帮助生火，
然而它很少生烟，就算点着也很难发出火光，
它供给的成分太少，一时的火焰并不持久。
只有在名为"Vulcanus圣殿"的岛上，
才出产持久的矿石，
但那里大部分的火焰已经熄灭，
在港湾里，将那海上漂泊的船只迎接；
那小部分剩下的，足够覆盖大片的土地，
只是它聚集的力量不足以跟Aetna相比。
若不是临近的Sicilia之山，
秘密地给它添加自己的燃料，
或者风有一条隐秘的通道，
从这里到那里给火焰提供给养，
这小岛上的火自己怕是早就烧个精光！

---

[1]指前面说的火山熔岩。

sed melius res ipsa notis spectataque veris
occurrit signis nec temptat fallere testem.
450   nam circa latera atque imis radicibus Aetnae
candentes efflant lapides disiectaque saxa
intereunt, venis manifesto ut cernere possis
pabula et ardendi causam lapidem esse molarem,
cuius defectu ieiunus concidit ignis.
455   ille, ubi collegit flammas, iacit et simul ictu
materiam accendit cogitque liquescere secum.
haud equidem interius facie qua cernimus extra,
si lenitur opus, res stat; magis uritur illic
sollicitatque magis vicina incendia saxum
460   certaque venturae praemittit pignora flammae.
nam simul atque movet vires turbamque minatur,
diffugit extemploque solum trahit undique rimas
et grave sub terra murmur denuntiat ignes.
tum pavidum fugere et sacris concedere rebus
465   par erit: e tuto speculaberis omnia collis.
nam subito effervent onerosa incendia, raptim
accensae subeunt moles truncaeque ruina
provolvunt atque atra rotant examina harenae.

不过，只要有仔细的观察和真实的信息，
事物本身会更好地显露，
不会尝试去迷惑你的眼睛。
在Aetna的山腰和山脚，
发亮的石头透着热气，裂开的山岩碎成一地，
在那明显的脉络中，让你能够相信，
火焰的起因和燃料就是那磨石：
它如果奄奄一息，火焰也就无能为力。
那磨石收集了火焰，然后再抛出它们，
这冲击同时将燃料点燃，将其化为液体。

火山平息的时候，
它的内部跟外面看起来完全不一样；
在那里，石头更猛烈地燃烧，
更加猛烈地卷起附近的火苗，
明确地保证熊熊大火会来到。
一旦它推动了力量，卷起了风波，
大地就会立刻撑破，
向着四面八方撕扯出裂缝，
而地下，深沉的怒吼召唤着烈火！
这时候，就该颤抖地逃离，离开神圣之地：
你可以从安全的小山上目睹这所有的神奇。
因为那沉重的火焰会突然喷发，
燃烧的熔岩迅速浮现，
它们会分流而下，奔涌澎湃，
形成的黑沙热团，滚滚而来！

illinc incertae facies hominumque figurae:
470   pars lapidum domita est, stanti pars robore pugnat
nec recipit flammas; hic indefensus anhelat
atque aperit se hosti, decrescit spiritus illi,
haud aliter quam cum laeto devicta tropaeo
prona iacet campis acies et castra sub ipsa.
475   tum si quis lapidum summo pertabuit igni,
asperior sopito et quaedam sordida faex est,
qualem purgato cernas desidere ferro.
verum ubi paulatim exiluit sublata caducis
congeries saxis, angusto vertice surgens,
480   hic veluti in fornace lapis torretur et omnis
exustus penitus venis subit altius umor;
amissis opibus levis et sine pondere pumex
excoquitur. liquor ille magis fervere magisque
fluminis in speciem mitis procedere tandem
485   incipit et pronis demittit collibus undas.
illae paulatim bis sena in milia[1] pergunt;
quippe nihil revocat, cursus nihil ignibus obstat,
nulla tenet moles, frustra simul omnia pugnant;
hinc silvae rupesque natant, hinc terra solumque
490   ipsum adiutat opus faciemque sibi induit amnis.

---

[1] 一罗马里约为现代的1480米。

于是，它们有不定的形状，宛若人形：
有些石头被驯服，
有些则还在尽力挣扎，不愿意接受火焰；
这个，毫无抵抗地喘着气，把自己交给敌人，
那个，逐渐丧失了斗志，如同欢乐的胜利中，
被打败的一方倒在了战场，倒在了军营之下。
无论什么样的石头在火焰上全部融化，
都会有剩下更加顽固而且肮脏的残渣，
就像你在精炼铁块的时候看到的沉淀。
而当下落的石头逐渐堆积，
上升形成狭小的山顶，
在这里，石头像是在熔炉里被炙烤，
里面全部的湿气就从缝隙中外逃。
当熔岩的力量全部消耗，
就剩下没有重量的浮石轻飘飘。
而那液体会更加猛烈地燃烧，
最终如同一条缓慢的小溪，
从山顶流下蜿蜒的波涛。
这波涛能向前推进十二里，
无论如何，没有什么能将其召回，
没有什么能阻止火焰的行程，
也没有重物能妨碍它的流通，
所有的反抗都是无谓的举动；
这里，森林与岩石在它上面游泳，
这里，大地与土壤自己，
将它装扮成小河的面容。

quod si forte cavis cunctatus vallibus haesit,
utpote inaequalis volvens perpascitur agros;[1]
ingeminant fluctus et stantibus increpat undis,
sicut cum rapidum curvo mare cernimus aestu,
495   ac primum tenuis undas agit, inde priores
praegrediens late diffunditur usque superne.
flumina consistunt ripis ac frigore durant
paulatimque ignes coeunt ac flammea massis
exuitur facies. tum prima ut quaeque rigescit
500   effumat moles atque ipso pondere tracta
volvitur ingenti strepitu praecepsque sonanti
cum solido inflixa est, pulsatam dissipat ictus
et, qua disclusa est, candenti robore fulget.

                     * * * *

emicat examen plagis, ardentia saxa
505   — scintillas procul ecce vides, procul ecce, ruentis —
incolumi fervore cadunt. fert impetus ingens,
Symaethi[2] quondam ut ripas traiecerit amnis:
vix iunctas quisquam fixo dimoverit illas;
vicenos persaepe pedes[3] iacet obruta moles.

---

[1]有现代版本将这行修订到496行之后，将inaequalis解为in aequalis。
[2]Symaethus是Sicilia的一条河。
[3]一罗马尺约等于现今29.6厘米。

若是偶尔它在险峻的峡谷受阻，
滚滚的波涛掠过不平的农田；
熔岩的火浪叠加而停滞，发出巨大的声响，
正如我们见那汹涌大海里的波浪，
首先是小浪走在前面，
接下来后浪越过前浪，向着四周蔓延。

这火焰之河在海岸边终于停下脚步，
在冰冷的海水里变硬，
火焰逐渐收敛，岩团失去了光彩。
当每块岩浆变硬，都会冒出烟气，
它被自己的重量所拉扯，
迎头撞向坚硬的物体，发出巨大的声响，
冲击力把它撞碎，而裂开的口子上，
还能看到白热的内核在燃烧。

* * * *

一团......直冲而出，那燃烧的岩浆——
你在远处看，那火星，
你在远处看，那奔流——
无法压制的火焰落下！
一股巨大的力量推动着它，
曾经一度越过Symaethus的河岸！
几乎没有人可以把它从连接处分离开；
熔岩常常能堆到二十尺之高。

510   sed frustra certis disponere singula causis
temptamus, si firma manet tibi fabula mendax,
materiam ut credas aliam fluere igne, nec una
flumina proprietate simul concrescere, sive
commixtum lento flagrare bitumine sulphur:
515   nam posse exusto cretam quoque robore fundi,
et figulos huic esse fidem, dein frigoris usu
duritiem revocare suam et constringere venas.
sed signum commune leve est atque irrita causa
quae trepidat: certo verum tibi pignore constat.
520   nam velut arguti natura est aeris, et igni
cum domitum est, constans eademque, et robore salvo,
utraque ut possis aeris cognoscere partem,
haud aliter lapis ille tenet, seu forte madentes
effluit in flammas sive est securus ab illis,
525   conservatque notas nec vultum perdidit ignis.
quin venam externam vultus color ipse refellit,
aut color aut levitas putris magis illa magisque:
una operis facies eadem perque omnia terra est.

但是我尝试去说明每个现象的原因都是徒劳，

只因为[1]你牢牢地守着错误的说法，

你相信另外的物质跟着火焰流淌，

这熔岩之河也不是只有一个属性[2]而汇聚，

或者硫磺与粘性的沥青混合也能燃烧：

连白垩土在精华烧完之后都可以融化，

（陶工们可以作证明，）

然后经过冷却，

重新找回了坚硬的色彩，

重新链接了松散的血脉。

但是这种普通的迹象太过轻率，

而且这种混乱的原因无足轻重：

真理建立在明确的证据之上。

正如闪亮的铜，它的自然属性不会变化，

无论被烈火驯服，或者精华没有受损[3]，

你都能认出铜的部分；

那对石头也是同理，

或者在火焰中融化，或者没有，

它都会保持特性，不会因火而改变容貌。

事实上，它外表的色彩，

就足以说明不存在外来的矿脉，

若不是色彩的属性，那就是越来越脆的轻盈，

它在运动中面貌保持一致，

在哪里都是一样的风景。

---

[1]原文是"如果"，然后后面跟了一个很长而结构复杂的从句。

[2]这里可能有两种解释，一种是说熔岩不只是由前面说的风汇聚而成；另一种是说熔岩是由好几种物质混合而成。

[3]指要么融化成液体，要么没有融化。

nec tamen infitior lapides ardescere certos,

530　interius fluere accensos: haec propria virtus.

quin ipsis quaedam Siculi[1] cognomina saxis

inposuere †fridicas† et iam ipso nomine signant

fusilis esse notae. numquam tamen illa liquescunt,

quamvis materies foveat sucosior intus,

535　ni penitus venae fuerint commissa molari.

quod si quis lapidis miratur fusile robur,

cogitet obscuri verissima dicta libelli,

Heraclite[2], tui: nihil insuperabile ab igni

omnia quo rerum natura semina iacta.

540　seu nimium hoc mirum: densissima corpora saepe

et solido vicina tamen compescimus igni.

non animos aeris flammis succumbere cernis,

lentitiem plumbum non exuit ipsaque ferri

materies praedura tamen subvertitur igni

545　spissaque suspensis fornacibus aurea saxa

exsudant pretium? et quaedam fortasse profundo

incomperta iacent similique obnoxia sorti.

nec locus ingenio est: oculi te iudice vincent.

---

[1] Siculi即Sicilia人。

[2] Heraclitus是古希腊著名哲学家，以文字晦涩闻名。

不过我也不否认，特定的石头，
在点火之后内部会燃烧发亮，
这是它们特殊的品性。
事实上，Sicilia人给这些石头命名为"fridaca[1]"，
用这个名字，也标识了这石头的流动性。
即使有一种更液态的物质在内部保持温度，
这些石头也从来不会变成液体，
除非它与深入地下的岩浆混合。

若是有谁还在惊讶石头流动的核心，
Heraclitus啊，
愿他研读下你晦涩小册中最真实的句子：
没有什么东西无法被火焰征服，
世间所有的自然元素都会被它俘虏。
或许这太过惊奇：
常常最致密的物质，与刚体[2]类同，
我们也用火焰将其掌控。
你不见那铜的精神，在火焰下懈怠，
铅的柔软，在火中得以展开，
坚硬的铁，也会被火打败，
富含黄金的矿石，在熔炉里滴下钱财！
深入地下或许有不为人知的矿石，
它们也会面临同样命运的束缚，
而这都不需要什么聪明的技术，
以你自己作裁判，你的眼睛就能胜出。

---

[1]这个词在不同版本里都不太一样。
[2]这里solidus指一种理想的不会形变的物体。

nam lapis ille riget praeclususque ignibus obstat,
550 si parvis torrere velis caeloque patenti:
candenti pressoque agedum fornace coerce,
nec sufferre potest nec saevum durat in hostem;
vincitur et soluit vires captusque liquescit.
quae maiora putas autem tormenta[1] moveri
555 posse manu, quae tanta putas incendia nostris
sustentari opibus, quantis fornacibus Aetna
uritur, arcano numquam non fertilis igni?
hic non qui nostro fervet moderatior usu,
sed caelo propior, vel quali Iuppiter ipse
560 armatus flamma est. his viribus additur ingens
spiritus adstrictis elisus faucibus, ut cum
fabriles operae rudibus contendere massis
festinant, ignes quatiunt follesque trementes
exanimant pressoque instigant agmine ventos.
565 haec operis summa est, sic nobilis uritur Aetna:
terra foraminibus vires trahit, urget in artum
spiritus, incendi vis it per maxima saxa.

---

[1]tormentum这里应该是投石机或弩炮之类的投射武器。

对那个石头，你如果想在露天用小火烧它，
它会无动于衷，抗拒火焰：
来，你把它关到密闭白热的熔炉里，
在凶残的敌人面前，
它没法忍受，也没法保持坚固，
于是被击败的它，丧失了活力，
像是囚犯一样，化为了液体。
你以为，哪里还有更多人力去拉动那投射器？
你认为，我们自己该如何维持如此的火焰？
如同Aetna里面燃烧着的一般，
那神秘的火焰从来不缺燃料？
这火可不像我们用的那样温和，
而更加接近遥远的天国，
或是Juppiter他自己装备的雷火！
而强大的风力穿过狭小的出口，
也一同汇入了这股力量，
正如作坊里的工匠，
快速翻动着粗制的铁矿，
频频鼓动着颤抖的风箱，
猛然引起火焰的摇晃，
激起风中压抑的张扬！
我们总结一下，
这就是高贵的Aetna如何保持烈焰：
大地通过开口将力量收敛，
空气[1]被挤压到密闭的空间，
火焰之力穿过巨大的山岩。

---

[1]原文是"精神"，参见213行注。

magnificas laudes operosaque visere templa

divitiis hominum aut arces memorare vetustas,

570   traducti maria et terras per proxima fatis

currimus atque avidi veteris mendacia famae

eruimus cunctasque libet percurrere gentes.

nunc iuvat Ogygiis[1] circumdata moenia Thebis[2]

574   cernere, quae fratres, ille impiger, ille canorus,

576   invitata piis cum carmine saxa lyraque

                    * * * *

575   condere, felicesque alieno intersumus aevo.

577   nunc gemina ex uno fumantia sacra vapore

miramur septemque duces raptumque profundi.

detinet Eurotas[3] illic et Sparta Lycurgi[4]

580   et sacer in bellum numerus, sua turba regenti.

nunc hic Cecropiae[5] variis spectantur Athenae[6]

carminibus gaudensque solum victrice Minerva.

---

[1]Ogyges是传说中Thebes的建立者。
[2]Thebes是希腊中部一著名城邦。
[3]Eurotas是Sparta城所在Laconia地区的主要河流。
[4]Lycurgus是传说中Sparta法律制度的制定者。
[5]Cecrops是传说中Athens的建立者，这里Cecropia即指Athens城。
[6]*Athena*即Minerva，智慧女神。

为了看一眼伟大的荣耀，

人类财富所建，耗费劳力的神庙，

或是要述说远古的城堡，

被这些欲望拉扯的我们，

穿越深海，穿越陆地，穿越死亡的怀抱；

我们走过一个个的部落，

渴求着错误的远古传说。

比如这里可以看到环绕Thebes的城墙，

是两兄弟，一个手脚勤快，一个歌声嘹亮，

虔诚之人用歌声和琴声所建[1]，

* * * *

我们幸运地体验另一段时光。

比如这里我们可以惊叹，

祭坛的青烟可以一分为二[2]，

还有七位领袖[3]，收获战利的深渊[4]。

还有那里，Eurotas河与Lycurgus的Sparta，

战场上的神圣数字[5]，效忠领袖的军队，

这些都让我们敬畏无比！

还有这里，你能看到Athena的Cecropia城堡，

这里有多样的歌声，让胜利的女神微笑！

---

[1]这里是传说中给Thebes建Cadmea城堡的两兄弟Amphion和Zethus。Zethus只能自己手动搬运，而Amphion却能用歌声的魔力去移动石块，参见《牧歌集》II.24。

[2]这大概是传说中Thebes的两兄弟Polynices和Eteocles的故事。他们本该共同统治国家，却互相残杀。

[3]这是传说中七位领袖，其中包括流亡的Polynices；他们与Eteocles领导的Thebes人之间爆发战争，试图恢复Polynices的王位。

[4]这是七位领袖中的Amphiaraus，在战场上被Zeus用裂开的地缝保护。

[5]大概是说Sparta三百勇士的故事。

excidit huc reduci quondam tibi, perfide Theseu[1],
candida sollicito praemittere vela parenti;

585　tu quoque Athenarum carmen, iam nobile sidus,
Erigone[2]; sedes vestra est: Philomela[3] canoris
evocat in silvis, at tu, soror, hospita tectis
acciperis; solis Tereus ferus exulat agris.
miramur Troiae cineres et flebile victis

590　Pergamon[4] extinctosque suo Phrygas[5] Hectore[6] ; parvum
conspicimus magni tumulum ducis; hic et Achilles[7]
impiger et victus magni iacet Hectoris ultor.
quin etiam Graiae fixos tenuere tabellae
signave: nunc Paphiae[8] rorantes matre capilli,

595　sub truce nunc parvi ludentes Colchide[9] nati,
nunc tristes circa subiectae altaria cervae
velatusque pater, nunc gloria viva Myronis[10]
et iam mille manus operum turbaeque morantur.

---

[1]Theseus是传说中杀死Minotaur的英雄，参见21行右页注。
[2]Erigone是Icarius之女，传说中成为处女座，参见《农事诗》I.33。
[3]参见小蠓之歌252行注。
[4]Pergama是Troia城的城堡，也用来指代Troia。
[5]Phryges即居住在Troia附近的族裔。
[6]Hector是战争中Troia一方的大英雄。
[7]Achilles是战争中希腊方的大英雄。
[8]Paphos是Cyprus的一座小城，有Venus的神殿。相传Venus在附近的海域
降生，所以Paphia也指Venus。
[9]指代Medea，参见小蠓之歌250行注。这是画家Timomachus的作品。
[10]Myron是古希腊著名雕塑家。

还有你，忘记誓言的Theseus，

在回家的路上，忘了给你焦虑的父亲挂上白帆；

还有Erigone，Athens的歌声阵阵，

让你也化为高贵的星辰！

这也是你们的居所：

Philomela在交响的森林里高歌，

但是你，姐姐[1]，你安居在屋檐下歌唱，

而野性的Tereus只能独自在田野流亡！

我们惊叹于Troia的废墟，

还有为失败者落泪的Pergama堡，

被夷平的Phryges人，以及他们的Hector；

我们注视着伟大的领袖，小小的坟头；

这里躺着被征服的对手，

不知疲倦的Achilles，和伟大Hector的复仇[2]。

另外，希腊的绘画与雕塑也让我们着迷：

这里有Venus与她的母亲[3]一起，滴着水的头发，

还有年幼的儿子们，在残忍的Medea脚下玩耍，

这里有祭坛边悲伤的人群，

替换的母鹿[4]和蒙面的父亲[5]。

还有Myron栩栩如生的荣耀，

让我们流连忘返，万千的妖娆。

---

[1] 指Procne。

[2] 指Paris，他用箭射杀了Achilles，为Hector报仇。

[3] Venus在海上降生，这里母亲很可能指的是海水。这里是古希腊著名画家Apelles的作品《跃出海面的Venus》（*Venus Anadyomene*）。

[4] 这是希腊神话中Iphigenia的故事。她是Agamemnon的女儿，因为他射杀了Artemis的公鹿而需要将Iphigenia献祭平息神怒。献祭的最后关头，Artemis用一只母鹿将其换下。

[5] 这是古希腊画家Timanthes的作品，为了表现Agamemnon的悲伤，用面纱遮脸。

haec visenda putas terrae dubiusque marisque?
600 artificis naturae ingens opus aspice, nulla
tu tanta humanis rebus spectacula cernes

* * * *

praecipueque vigil fervens ubi Sirius ardet.
insequitur miranda tamen sua fabula montem,
nec minus ille pio quam sonti nobilis igni est.
605 nam quondam ruptis excanduit Aetna cavernis
et, velut eversis penitus fornacibus, ingens
eiecta in longum rapidis fervoribus unda,
haud aliter quam cum saevo Iove fulgurat aether
et nitidum obscura telum caligine torquet.
610 ardebant agris segetes et mitia cultu
iugera cum dominis; silvae collesque rubebant.
vixdum castra putant hostem movisse tremendum,
et iam finitimae portas evaserat urbis.
tum vero ut cuique est animus viresque, rapina
615 tutari conantur opes. gemit ille sub auro,
colligit ille arma et stulta cervice reponit,
defectum raptis illum sua crimina tardant,
hic velox minimo properat sub pondere pauper,
et, quod cuique fuit cari, fugit ipse sub illo.

你确信你一定要见到这些宝藏，
所以要在陆地和大海间彷徨？
你得去看大自然这伟大的艺术，
在人类世界中可找不到如此的奇观，

* * * *

在燃烧的天狼星闪耀之时特别警觉。
无论如何，这山总有它自己神奇的传说伴随，
关于火焰，比起罪恶的流言，虔诚的故事并不式微。
Aetna曾经从那裂开的洞口熊熊燃烧，
像是深渊的熔炉被人颠倒，
伴随着凶残的火焰向着远方喷涌巨大的波涛，
正如天空因Juppiter的怒火而雷鸣电闪，
亮白的标枪[1]回转在黑色的云团！
原野里的庄稼，耕作成熟的农田，
连同它们的主人都火色冲天，
山岭和森林都红光满面！
人们以为可怕的敌人刚好还没到营帐，
其实它已经冲破边卜都市的城防[2]！
这时候，每个人都按照自己的胆气与力量，
尽可能掠夺他人的财产，保护自己的钱粮。
那个人在黄金底下呻吟；
那个拿起装甲，架上他愚蠢的头颅；
这个人被赃物累垮，被自己的罪恶所延缓；
这个穷人带的东西最轻盈，动作最迅敏——
每个人都带着自己心爱之物，独自逃离。

---

[1]指闪电。
[2]军营驻扎在城外。

620   sed non incolumis dominum sua praeda secuta est;
cunctantis vorat ignis et undique torret avaros,
consequitur fugisse ratos et praemia captis
concremat: haec nullis parsura incendia pascunt —
vel solis parsura piis. namque, optima proles,

625   Amphinomus fraterque[1] pari sub munere fortes,
cum iam vicinis streperent incendia tectis,
aspiciunt pigrumque patrem matremque senecta
eheu defessos posuisse in limine membra.
parcite, avara manus, dites attollere praedas:

630   illis divitiae solae materque paterque,
hanc rapiunt praedam mediumque exire per ignem
ipso dante fidem properant. o maxima rerum
et merito pietas homini tutissima virtus!
erubuere pios iuvenes attingere flammae

635   et quacumque ferunt illi vestigia cedunt.
felix illa dies, illa est innoxia terra!
dextera saeva tenent laevaque incendia fervent;

---

[1]传说中Amphinomus的兄弟是Anapis。

但掠夺的赃物也不会让你毫发无伤；

稍有迟疑，火焰就会将你吞噬，

在四周炙烤你贪婪的身姿；

它将自以为已经逃离的人们追逐，

它焚烧被困的灵魂，连同他们的财物；

这些都供养了火焰——

它不会给任何人赦免，也不会只给虔诚之人赦免。

当火焰已经在邻家的屋顶咆哮，

Amphinomus兄弟，最善良的子嗣，

在同一件事上显示自己的勇武，

眼见因年老而迟疑的父母，

呜呼！他们在门槛前，迈不开脚步！

停下来，贪婪的双手！

停下对财富的渴求！

父母亲才是他们唯一的财富——

他们抓起这份财富，

迅速逃离，穿梭于火焰的飞舞，

而那烈火也似给他们保护！

啊，世间最高贵的德行！

人类最值得尊敬的品性！

火焰也羞于碰触这虔诚的小伙，

他们脚步所至，火焰便会退缩！

如此幸运的一天，

如此无害的地面！

野火控制了右边，燃烧着左边；

mille per obliquos ignis it uterque triumphans,
tutus uterque pio sub pondere; substitit illa
640   et circa geminos avidus sibi temperat ignis.
incolumes abeunt tandem et sua numina secum
salva ferunt. illos mirantur carmina vatum,
illos seposuit claro sub nomine Ditis,
nec sanctos iuvenes attingunt sordida fata,
645   securae cessere domus et iura piorum.

穿过两边千重的火焰，
他们俩如同穿过了凯旋，
在虔诚的重负下安然无恙；
而贪婪的火焰在双子的四周，
抑制了自己，就在原地停留。
终于，他们带着自己的神明，安全地走出。
诗人们的歌声崇敬他们的身姿，
神明[1]赐给他们光辉的名字，
困苦的死亡不再触碰神圣的青年，
安居的住所里秉持着虔诚的信念[2]。

---

[1]可能指Juppiter也可能是Pluto。
[2]原文是因其虔诚而得到的尊容和地位，即成为神。

COPA[1]

C opa Surisca, caput Graeca redimita mitella[2],
    crispum sub crotalo[3] docta movere latus,
ebria fumosa saltat lasciva taberna
    ad cubitum raucos excutiens calamos.
5 quid iuvat aestivo defessum pulvere abesse
    quam potius bibulo decubuisse toro?
sunt topia et calybae[4], cyathi, rosa, tibia, chordae,
    et triclia[5] umbrosis frigida harundinibus;
en et Maenalio[6] quae garrit dulce sub antro,
10 rustica pastoris fistula more sonat.
est et vappa[7] cado nuper defusa picato,
    est crepitans rauco murmure rivus aquae.
sunt etiam croceo violae[8] de flore corollae
    sertaque purpurea lutea mixta rosa
15 et quae virgineo libata Achelois[9] ab amne
    lilia vimineis attulit in calathis.

---

[1]copa指酒馆的老板娘或者是跳舞助兴的舞娘。
[2]mitella是一种女性系在额头的窄条头巾。
[3]crotalum是一种乐器，类似于现代的响板。
[4]calybae这个词查不到是什么，有可能指一个个的小房间。
[5]triclia大概是trichila的异体。
[6]Maenalus山在Arcadia，参见《牧歌集》VIII.21。
[7]vappa原指乏味的，失去酒味的酒。这里大概是说酒比较淡，喝不醉的意思。
[8]viola指堇菜，比如Viola odorata香堇，不是紫罗兰。
[9]Achelous是希腊最大的河流，也是河神的名字。而Achelois指他的某一位女儿，是一位水仙女nymph。

舞女之歌

舞女Surisca，头戴希腊式的头环，
熟练地随着响板，扭动婆娑的身段，
微醺而淫荡的她，舞动在烟熏的酒馆，
随着嘶哑的笛声，翻动纤柔的手腕[1]。

这夏日的风沙在外，
疲倦的身体，为何要离开，
在这里可以躺在床上，畅饮开怀？
这里有酒杯与蔷薇，骨笛与弦琴，花园与小径，
这里还有凉快的避暑小屋，带着芦苇的阴影。
看！这里有Maenalus山洞中甜美的闲谈，
像牧人一样，还有乡野芦笛为伴。
从焦色酒缸里倒出，新鲜的淡酒，
那潺潺的水声，足以忘忧！
金色香堇花编织的花环，
黄色小花与紫色蔷薇混搭的美感；
Achelois从纯净的小河中采摘，
装在篮子里，水仙花的色彩。

---

[1] 原文是手肘。

sunt et caseoli, quos iuncea fiscina siccat,
　　sunt autumnali cerea pruna die
castaneaeque nuces et suave rubentia mala;
20　　est hic munda Ceres[1], est Amor[2], est Bromius[3];
sunt et mora cruenta et lentis uva racemis,
　　et pendet iunco caeruleus cucumis.
est tuguri custos armatus falce saligna,
　　sed non et vasto est inguine terribilis —
25　　huic calybita[4] veni! lassus iam sudat asellus;
　　parce illi, Vestae[5] delicium est asinus.
nunc cantu crebro rumpunt arbusta cicadae[6],
　　nunc varia in gelida sede lacerta latet:
si sapis, aestivo recubans nunc prolue vitro,
30　　seu vis crystalli ferre novos calices.
hic age pampinea fessus requiesce sub umbra
　　et gravidum roseo necte caput strophio,
†formosum[7]† tenerae decerpens ora puellae —
　　a pereat cui sunt prisca supercilia!
35　　quid cineri ingrato servas bene olentia serta?
　　anne coronato vis lapide ista tegi?
pone merum et talos! pereat qui crastina curat.
　　Mors[8] aurem vellens 'vivite' ait, 'venio'.

---

[1]Ceres，谷神，指代谷子做的食物。
[2]Amor，爱神，指代美女或者性服务。
[3]Bromius是酒神Bacchus的别名，意为"吵闹"，指代美酒。
[4]这里calybita大概的意思是进到屋内做客的客人。
[5]Vesta是炉灶女神，标志性的动物是驴子。
[6]参见《农事诗》III.328。
[7]可能是指美妙的身体corpus。
[8]Mors是概念化的死神，相传是黑暗之神Erebus与黑暗女神Nox之女。

小块的奶酪，在灯心草的篮子里晾干，
蜡色的李子，那是秋天的浪漫；
香软的栗子，甜得红透的苹果，
美食精致，美酒醇香，美人倾国[1]！
血色的桑葚，香软一串的葡萄，
深绿的黄瓜，柔枝垂下的妖娆。
农舍的守护[2]，带着柳木的镰刀，
他可没那么可怕，虽然有那巨屌——
进来这里吧，客官！小驴已经累得出汗[3]，
放开它吧，这驴Vesta女神喜欢！
如今夏蝉在浓密的灌木中歌唱，
如今多彩的蜥蜴在荫凉下躲藏。
你若是明智，就来躺下品尝夏日的玻璃酒杯，
或是你更希望，用崭新的水晶一醉？
疲惫的客官，快来这藤蔓的阴影下歇息一回，
给沉重的头颅戴上朵朵的蔷薇；
享受少女窈窕的身体，亲吻她的小嘴——
啊，古板的清高，通通放飞！
为何要将芳香的花环留给不快的骨灰[4]？
难道你希望在鲜花簇拥的墓碑下沉睡？
备好骰子和美酒！忘掉明日的忧愁！
死神拽起你的耳朵，
"好好活着，"她说，"我来了。"

---

[1] 原文只有一个形容词mundus，意为干净纯洁优雅。
[2] 即Priapus，园艺之神，其形象都有镰刀和巨大的阳具。
[3] 大概是客人的驴赶路太久，让他在店里休息一下。
[4] 鲜花环通常用来装饰墓碑。

ELEGIAE IN MAECENATEM[1]

I

<table>
<tr><td>i.1</td><td>Defleram iuvenis tristi modo carmine fata;</td></tr>
<tr><td></td><td>sunt etiam merito carmina danda seni.</td></tr>
</table>

Defleram iuvenis tristi modo carmine fata;
    sunt etiam merito carmina danda seni.
ut iuvenis deflendus enim tam candidus et tam
    longius annoso vivere dignus avo.
5 inreligata ratis, numquam defessa carina,
    it redit in vastos semper onusta lacus;
illa rapit iuvenes prima florente iuventa,
    non oblita tamen †sed repetitque† senes.
nec mihi, Maecenas, tecum fuit usus amici:
10 Lollius[2] hoc ergo conciliavit opus.
foedus erat vobis nam propter Caesaris[3] arma,
    Caesaris et similem propter in arma fidem.
regis eras, Etrusce[4], genus: tu Caesaris almi
    dextera, Romanae tu vigil Vrbis eras.
15 omnia cum posses tanto tam carus amico,
    te sensit nemo posse nocere tamen.

---

[1]Maecenas是Vergil的主要资助者，参见《农事诗》I.2。他逝世于前8年，比Vergil晚11年。Vergil本人创作本篇的唯一可能是他在世时撰写了部分的手稿（而且原文并非是写给Maecenas的哀歌），在Maecenas死后由其后人门客修订发表。

[2]Marcus Lollius，Augustus手下的政客，前21年出任执政。

[3]即皇帝Augustus Caesar，文中的Augustus和Caesar都是指我们通常说的Augustus。

[4]Etruria是在Italia中部的国家，后被罗马吞并。

悼念之歌

其一

我刚为不幸青年[1]的命运流泪挽歌，

现在又有歌声要给献给值得尊敬的老者。

正若我们为青年流泪，我们也为白发之人伤悲！

他应得到像祖父一般的年岁！

那艘没有限制的小舟[2]，它的龙骨从不会磨旧，

来来往往，满载着在宽广的河面上畅游！

它掳走了花季的青春年少，

它也不放过那些年事已高！

Maecenas啊，我之前和你私交并不多，

所以Lollius向你引荐这项工作[3]。

你们两位共同受命于Caesar的军队，

也同样效忠于Caesar的光辉！

Etruria人啊，你有王族[4]的血统！

你是高尚Caesar的左膀右臂，守护罗马城的夜空！

与他友善的你位高权重，

但没有人认为你会肥私损公。

---

[1]这里指的是Nero Claudius Drusus Germanicus，Augustus的继子，曾领军在Germania作战。他是后来第二任皇帝Tiberius之弟，第四任皇帝Claudius之父。他原本很有可能继承Augustus的皇位，但在前9年去世，年仅29岁。

[2]大概指艄公Charon的小舟。

[3]opus这里有两种读法。一种是指这篇悼文，另一种是说把自己引荐给Maecenas这件事。

[4]应该指Etruria的王族。

Pallade[1] cum docta Phoebus[2] donaverat artes:
  tu decus et laudes huius et huius eras,
sicut vulgares vincit beryllus[3] harenas,
20 litore in extremo quas simul unda movet.
quod discinctus eras, animo quoque, quod carpitur unum:
  diluis hoc nivea simplicitate tua.
sic illi vixere quibus fuit aurea Virgo[4],
  quae bene praecinctos postmodo pulsa fugit.
25 livide, quid tandem tunicae nocuere solutae
  aut tibi ventosi quid nocuere sinus?
num minus Vrbis erat custos et Caesaris hospes[5],
  num tibi non tutas fecit in Vrbe vias?
nocte sub obscura quis te spoliavit amantem,
30 quis tetigit ferro durior ipse latus?
maius erat potuisse tamen nec velle triumphos,
  maior res magnis abstinuisse fuit.
maluit umbrosam quercum nymphasque canentes
  paucaque pomosi iugera culta soli;
35 Pieridas[6] Phoebumque colens in mollibus hortis
  sederat argutas garrulus inter aves.

---

[1]Pallas，即智慧女神Minerva。
[2]Phoebus即*Apollo*。
[3]beryl这个词现代用来命名绿柱石，但是从这里描述看，可能是海边能捡到的某种彩色的石头，比如玻璃。
[4]Virgo，正义女神Astraea，即处女座，最后一位离开人间的神祇。
[5]一作obses。
[6]Pieridas指代Muse女神。

Phoebus同智慧的Minerva一同赐予你技巧，
你是他们的光辉，你是他们的荣耀；
正如在海岸边，海浪冲刷着沙子，
而你就是平凡的沙子间那耀眼的宝石！
你的心智无拘无束，只有一件罪过，
你以你雪白的单纯将其洗脱！
就像那些人们[1]，与黄金的处女同住，
而之后她又被迫离开了这些束缚[2]。
嫉妒的人啊，宽松的外衣又能有什么伤害，
那被风吹动的衣裳对你又有什么祸灾？
难道他不是罗马的守护，Caesar的友眷[3]？
对你来说，难道他没有让罗马的街道更加安全？
黑夜中热恋的你，是谁抢夺你的财物？
又是谁用匕首或是更尖锐的武器刺向你的腹部[4]？
更可贵的是，他可以举行凯旋，却不愿居功，
与伟大保持距离，那是更加伟大的举动。
他更喜欢橡树的阴影，流水的欢唱，
还有几亩农田，适合果实的土壤；
精致的花园里，供奉着Muse与Apollo的神像，
喧闹的鸟儿间，闲坐着聊起乱语的文章。

---

[1]指黑铁时代之前的人类。
[2]大概指人类被苦活所束缚。
[3]这里hospes意思应该是在Augustus不在城里的时候，替他招待客人的，类似管家一样的人物。
[4]这两句讲的大概是Maecenas解决了罗马城的治安问题。

marmora Aonii[1] vincent monumenta; libelli

　　vivitur ingenio, cetera mortis erunt.

quid faceret? defunctus erat comes integer idem

40　　miles et Augusti fortiter usque pius.

illum piscosi viderunt saxa Pelori[2]

　　ignibus hostilis reddere ligna ratis.

pulvere in Emathio fortem videre Philippi[3]:

　　quam nunc ille tener tam gravis hostis erat.

45　cum freta Niliacae[4] texerunt lata carinae,

　　fortis erat circa, fortis et ante ducem,

militis Eoi[5] fugientia terga secutus,

　　territus ad Nili dum ruit ille caput.

pax erat: haec illos laxarunt otia cultus:

50　　otia[6] victores Marte sedente decent.

Actius[7] ipse lyram plectro[8] percussit eburno,

　　postquam victrices conticuere tubae.

hic modo miles erat, ne posset femina Romam

　　dotalem stupri turpis habere sui,

---

[1] Aonia是Muse的圣地。这里似乎是指代Vergil的《农事诗》（参见III.11）。也有版本修订为Maeonii，指代Homer及其史诗。

[2] Pelorus在Sicilia岛的东北角。这里指Augustus与Sextus Pompeius在此的海战，时间约在前38到前35年。在战事进行中，Maecenas受命回到罗马坐镇。

[3] Philippi在希腊东北，前42年在此发生了Augustus与Marcus Antonius击败参与刺杀Julius Caesar的政敌的关键一战。Emathius这里指代Macedon。

[4] Nile河，这里指代埃及人。这里应该指前31年的Actium之战，发生在希腊西部的Actium海峡，Augustus的舰队歼灭了Marcus Antonius与埃及法老Cleopatra的舰队。但绝大多数史料认为Maecenas当时不在战场。

[5] Eos，曙光女神，这里Eous指代东方。

[6] 一作omnia。

[7] 指在Actium有神殿的Apollo。

[8] plectrum是弹奏弦琴的拨片。

Aonia的丰碑远超大理石的同类[1]，
他一直活在书的世界[2]，而其他人都化成了死灰！
他之前做了什么？这逝者是那无可挑剔的下属，
也是Augustus永远忠诚的兵卒。
鱼群丰饶的Pelorus山岩，
看着他用大火焚烧敌舰。
在Macedonia的沙土上，Philippi见到了他的雄壮，
他如今的柔弱，正如他之前对敌人的刚强！
当埃及的战舰把宽广的海峡阻断，
他也在领袖的面前展示了他的勇敢！
当东方的战士仓皇逃离，他也一路追赶，
惊慌失措的敌人逃到了Nile河的两岸[3]！
和平到来，这清闲的日子舒缓了那辛苦的生活，
而当Mars安坐，胜者享受成果！

当胜利的号角停下了洪亮的声音，
Apollo他自己用象牙拨片弹起了弦琴。
他仅仅作为一个士卒，
让那个女人[4]不能把罗马当作通奸的聘金！

---

[1]指雕塑。
[2]比如《农事诗》每卷都提到了Maecenas。
[3]原文是河的"头"，即三角洲地带。
[4]指法老Cleopatra与Marcus Antonius的情事。

55   hic tela in profugos — tantum curvaverat arcum —

       misit ad extremos exorientis equos.

Bacche[1], coloratos postquam devicimus Indos[2],

       potasti galea dulce iuvante merum,

et tibi securo tunicae fluxere solutae —

60   te puto purpureas tunc habuisse duas.

sum memor et certe memini sic ducere thyrsos[3]

       bracchia perpetua candidiora nive;

et tibi thyrsus erat gemmis ornatus et auro:

       serpentes hederae vix habuere locum.

65   argentata tuos etiam talaria[4] talos

       vinxerunt certe nec puto, Bacche, negas.

mollius es solito mecum tum multa locutus,

       et tibi consulto verba fuere nova.

impiger Alcide[5], multo defuncte labore,

70   sic memorant curas te posuisse tuas,

sic te cum tenera multum lusisse puella

       oblitum Nemeae[6] iamque, Erymanthe[7], tui.

ultra numquid erat? torsisti pollice fusos,

       lenisti morsu levia fila parum;

---

[1]Bacchus，酒神。

[2]作者认为Indus在Nile河上游，而埃及军中那些纹面的人也就来自Indus。参见《农事诗》IV.293。

[3]thyrsus是酒神的手杖，上面缠了葡萄藤或者常青藤。但是不知道为什么这里是复数。

[4]talarius本指脚踝的，与talus是一个词根。这里指某种鞋子，特别是诸神穿的那种带翅膀的靴子。

[5]这里指Alceus之孙Hercules。

[6]Nemea在希腊Peloponnese半岛中部，Hercules在此杀死了一只狮子。

[7]Erymanthus山也在Peloponnese半岛，Hercules在此杀死了一只野猪。

他用箭射向逃亡者[1]——那弓如此弯曲——
一直到日出之地极远的马驹。

当我们彻底征服这些纹面的Indus人之后，
Bacchus啊，你用那头盔喝下甜美的纯酒[2]，
你的衣裳从无忧的身上游走——
我觉得你该穿上两件紫色[3]的风流！
我记得，我也觉得那时候你的手臂，
持续地挥舞着权杖，比雪还要白皙！
而你那权杖装饰了黄金和宝石，
缠绕的常青藤几乎没有了位置！
银饰的翼靴将你的脚踝包裹，
Bacchus啊，我想，你必然不会反驳！
你对我的言谈远远柔和于往日，
而且你的话语还都是精心想过的新词！

精力十足的Hercules，你完成了众多的伟业，
人们都说，于是你放下了心结，
于是你尽情与柔弱的少女起舞[4]，
忘记了Nemea的狮子，忘记了Erymanthus的野猪！
还有什么呢？你用大拇指转动纺锤，
弄软太硬的毛线，你还得上嘴！

---

[1]这里似乎是说Apollo参与了战争，帮助Augustus获胜。也有可能这段讲神话的文字本来不是写给Meacenas的。
[2]当时人们经常在酿好的酒里掺水喝。
[3]Tyre紫的衣服很贵，只有贵族与祭司才能穿。
[4]原文是嬉戏玩耍。Hercules因杀死了同伴Iphitus而被罚做Lydia的女王Omphale的奴隶。相传Omphale让Hercules穿上女人的衣服，做女人的活。

75   percussit crebros te propter Lydia[1] nodos,

        te propter dura stamina rupta manu,

    Lydia te tunicas iussit lasciva fluentes

        inter lanificas ducere saepe suas.

    clava torosa tua pariter cum pelle[2] iacebat,

80   quam pede suspenso percutiebat Amor[3].

    quis fore credebat, premeret cum iam impiger infans

        hydros ingentes vix capiente manu,

    cumve renascentem meteret velociter hydram,

        frangeret immanes vel Diomedis[4] equos,

85   vel tribus adversis communem fratribus alvum

        et sex adversas solus in arma manus?

    fudit Aloidas[5] postquam dominator Olympi,

        dicitur in nitidum percubuisse diem

    atque aquilam mississe suam quae quaereret ecquid

90   posset amaturo †signa† referre Iovi,

    valle sub Idaea[6] dum te, formose sacerdos,

        invenit et presso molliter ungue rapit.

    sic est: victor amet, victor potiatur in umbra,

        victor odorata dormiat inque rosa;

95   victus aret victusque metat; metus imperet illi,

        membra nec in strata sternere discat humo.

---

[1]Lydia是一古国，在今Turkey。这里指女王Omphale。

[2]pellis这里是前面那只狮子的皮。相传Omphale也穿过这张狮皮。

[3]Amor是概念化的爱神，或者指小爱神Cupido。

[4]Hercules的一项伟业就是偷来Thrace国王Diomedes吃人的马。

[5]Aloeus是叛乱的巨人兄弟Otus和Ephialtes的父亲（一说*Poseidon*是他们的父亲）。

[6]这是Troia附近的Ida山。

Omphale将你笞罚，要么因为有太多的纠缠，
要么是那粗糙的手把毛线弄断！
在她的纺线女仆簇拥下，那淫荡的女王，
还常常命令你穿上宽松流淌的衣裳！
那蜇人的大棒[1]和你的狮皮一道被丢出，
而那爱神踮着脚尖在上面起舞！
手都几乎握不住的巨蛇[2]，被勇敢的婴儿直接制服，
谁会相信，他将来会变成农妇？
或者，当他斩杀了快速复活的九头蛇[3]，
或者，当他驯服了Diomedes骇人的马，
或者，面对那共享身体的三兄弟[4]，
当他独自抵挡六只手上的武器？

而当Olympus的主人驱离了巨人兄弟的叛乱，
相传他在明亮的白天懒散，
使唤他的老鹰出去搜索；
老鹰把能找到的信号都带回给将要热恋的Juppiter，
直到在Ida的山谷里，找到了你，
美丽的司祭[5]，用利爪将你轻轻抓起！

这就是了：胜者要爱，要在阴影中消遣[6]，
胜者要在浓香的蔷薇间安眠。
而败者要去耕作收割；永远被恐惧笼罩，
而且永远不会盖着毯子在地上伸着懒腰。

---

[1]这是Hercules的武器。
[2]传说中Hercules还是婴儿的时候就这样干掉了Hera派来的两条蛇。
[3]九头蛇被砍掉一个头就会马上长出来。
[4]指Geryon。这是十二伟业中的一项，从三头六臂的Geryon那里偷牛。
[5]指Ganymede。相传他被抓到天界，成了Zeus的情人，给他倒酒。
[6]原文是坐拥统治。

tempora dispensant usus et tempora cultus,

    haec homines, pecudes, haec moderantur aves.

lux est, taurus arat; nox est, requiescit arator,

100   liberat et merito fervida colla bovi.

conglaciantur aquae, scopulis se condit hirundo;

    verberat egelidos garrula vere lacus.

Caesar amicus erat: poterat vixisse solute,

    cum iam Caesar idem quod cupiebat erat.

105 indulsit merito: non est temerarius ille.

    vicimus: Augusto iudice dignus erat.

Argo[1] saxa pavens postquam †Scylleia[2]† legit

    Cyaneosque[3] metus iam religanda ratis,

viscera dissecti mutaverat arietis agno

110   Aeetis[4] sucis omniperita suis:

his te, Maecenas, iuvenescere posse decebat.

    haec utinam nobis Colchidos herba foret!

redditur arboribus florens revirentibus aetas;

    vel cur non homini quod fuit ante redit,

115 vivacesque magis cervos decet esse paventes

    si quorum in torua cornua fronte rigent?

vivere cornices multos dicuntur in annos;

    cur nos angusta condicione sumus?

---

[1] 神话传说中Jason等人冒险的船Argo号。

[2] Scylla是一只海怪，上身是人，下身围着多个怪物的头。参见《牧歌集》VI.74-77。但是相传Scylla是Sicilia与Italia之间的海峡的一块礁石，不在Argo号的路径上，也许同种的怪物到处都是。

[3] Cyaneus之崖，也叫Symplegades，是传说中Pontus海（黑海）的入口的山崖。船经过的时候会合拢，Jason众人划船快速通过而没有被夹击。

[4] Aeetes是Medea的父亲，Colchis的国王。这里Aeetias即指Medea。

时间控制了习惯，

时间掌握了生活，

时间限制了人类，飞禽和走兽。

白昼来到，公牛耕地，

夜晚降临，耕夫休息，

解放了功勋的它，闪亮[1]脖子上的耕犁！

流水结冰，燕子在悬崖下躲藏；

春日到来，它们便飞翔在温暖的湖面上歌唱。

Caesar是他的朋友：他能活得富足轻松，

是因为Caesar成就了他所希望的文治武功。

Caesar认可了他的价值：他可不会漫不经心。

我们赢了：按照Augustus的裁决他受之无愧！

当Argo号胆战心惊地通过Scylla之石与Cyaneus之崖，

现在这船需要停泊靠岸，

全能的Aeetes之女，她把切碎的山羊，它的内脏，

与液体混合，变成了羊羔：

用这法术，Maecenas啊，能让你重返青春的容貌，

惟愿我们有那Colchis的药草！

年岁让落叶的大树重新绿意盎然，

然而为何人类不能青春重返？

胆怯的公鹿为何能更加长寿，

只要尖尖的鹿角矗立在额头？

人们都说，乌鸦能活好多年，

为何我们只有如此短暂的体验？

---

[1]大概指汗水。

pascitur Aurorae Tithonus[1] nectare coniunx,

120   atque ita iam tremulo nulla senecta nocet:

ut tibi vita foret semper medicamine sacro,

       te vellem Aurorae complacuisse virum.

illius aptus eras croceo recubare cubili,

       et modo poeniceum[2] rore lavante torum

125 illius aptus eras roseas adiungere bigas,

       tu dare purpurea lora regenda manu,

tu mulcere iubam, cum iam torsisset habenas

       procedente die, respicientis equi.

quaesivere chori iuvenem sic Hesperon[3] illum,

130   quem nexum medio solvit in igne Venus,

quem nunc in fuscis placida sub nocte nitentem

       Luciferum contra currere cernis equis.

hic tibi Corycium[4], casias[5] hic donat olentis,

       hic e palmiferis balsama[6] missa iugis.

135 nunc pretium candoris habes, nunc redditur umbris:

       te sumus obliti decubuisse senem.

---

[1]Tithonus是曙光女神*Eos*的情人，*Eos*向*Zeus*请求给他不死之身，但*Zeus*只给了他不死之身，却没有给他不老之身。最后Tithonus变成了一只不死的蝉。

[2]指亮红色。

[3]*Hesperus*，昏星，即Vesper。传说中他和晨星*Phosphorus*（即Lucifer）是曙光女神的儿子。

[4]Corycus是著名的产藏红花的城市，在今Turkey南部地中海沿岸。

[5]这里很可能是Laurus cassia，一种野生的肉桂，有浓香，参见《农事诗》II.466。

[6]balsamum指香树脂，也叫香膏或者香胶，可能来自不同的树木。

Tithonus，Aurora的情人，吸食着神露，

虽然他颤颤悠悠，但年老对他伤害全无：

愿神圣的药水使你生命永存，

愿你作为男人，也能取悦那曙光女神！

你该躺在她金色[1]的床上打盹，

那亮红色的枕头被露珠浸润；

你该驾驭她蔷薇色的双马之车驰骋，

用你的手控制紫色的[2]缰绳[3]；

你挥着鞭子，提醒回头的骏马[4]，

她扯着缰绳，驶离逝去的晚霞[5]。

那乐队也如此追逐着年轻的Vesper，

而Venus将其从火焰之中解救出来，

昏暗中，他现在成了平静的夜色下闪耀的Lucifer，

你看见他驾着马车，向着反向前行[6]。

他献给你Corycus藏红花的味道，

他献给你浓香的野肉桂枝条，

他从棕榈树遍布的山上给你送来了香膏！

你现在拥有了光亮的奖赏，

它现在又回到了阴影躲藏[7]：

我们都忘记了，你离开时老去的模样[8]！

---

[1] 原文是藏红花色，接近金黄色。

[2] purpurea也可能指是紫红色的手。

[3] 这里lorum可能指马缰，可能指鞭子。

[4] 原文是鞭打着马鬃。

[5] 原文是"白天"。

[6] 指晨星从东方升起。

[7] 这里大概是将Maenenas比作星辰。

[8] 就是说，你的年轻光亮的形象永远铭记在我们心中。

et Pylium[1] flevere sui ter Nestora[2] canum
    dicebantque tamen non satis esse senem:
Nestoris annosi vicisses saecula, si me
    dispensata tibi stamina nempe forent.
140
nunc ego quid possum: 'tellus levis ossa teneto,
    pendula librato pondus et ipsa tuum.
semper serta tibi dabimus, tibi semper odores,
    non umquam sitiens, florida semper eris.'

II

ii.145
sic est Maecenas fato veniente locutus,
    frigidus et iamiam cum moriturus erat:
'mene' inquit 'iuvenis primaevi, Iuppiter, ante
    angustam Drusi[3] non cecidisse fidem!
pectore maturo fuerat puer, integer aevo,
150
    et magnum magni Caesaris illud opus.
discidio[4] vellemque prius —' non omnia dixit
    inciditque pudor quae prope dixit amor,
sed manifestus erat. moriens quaerebat amatae
    coniugis amplexus oscula verba manus.

---

[1]Pylos在Peloponnese半岛西部。
[2]Nestor是Pylos的国王，以长寿闻名。传说中他活过了三代人。
[3]指第1行中说的年轻人Drusus。
[4]这里discidium有两种可能的意思，一个是说自己离开之前想说点什么；另一个是说先前的各场内战的事情。但是这里Maecanas似乎没有力气再说下去。如果按下文作者的理解，第一种可能性大一些。

Pylos历经三代的Nestor国王，

他去世时已经白发苍苍，

他的国民也还都在哀叹，说他活得不够长：

若我来给你的命运加缠丝线[1]，

那你比那长寿的Nestor要再多活好多年!

现今我只能这样说：

"大地，请轻轻将那骨灰照看，

把你的重量抬起，像天平一般。

我们将一直献上花环，

会让你一直清香弥漫，

你会永远流水潺潺，

你将永远花开灿烂。"

其二

这些是临死前Maecenas的口信，

他全身发冷，等待着命运的来临：

"天父啊，我为何没有早于，

早于那年轻Drusus他狭窄的命运而去？

那孩子在他的一生中拥有成熟的心智，

是伟大Caesar的伟大心血!

在离开前，我想先——"他没有说完，略有顾忌，

但很明显，他心中的爱意——

在他临死之前，想要他的爱妻，

想要她的拥抱，想要她的亲吻，

想要她的言语，想要她的手心!

---

[1]传说中人的寿命是命运三女神在纺锤上缠的丝线长度决定的，参见《牧歌集》IV.46-47。

155 'sed tamen hoc satis est: vixi te, Caesar, amico
    et morior' dixit, 'dum moriorque, sat est.
mollibus ex oculis aliquis tibi procidet umor,
    cum dicar subita voce fuisse tibi.
hoc mihi contingat, iaceam tellure sub aequa.
160   nec tamen hoc ultra te doluisse velim,
sed meminisse velim: vivam sermonibus illic;
    semper ero, semper si meminisse voles.
et decet et certe vivam tibi semper amore,
    nec tibi qui moritur desinit esse tuus.
165 ipse ego quicquid ero cineres interque favillas,
    tum quoque non potero non memor esse tui.
exemplum vixi te propter molle beate,
    unus Maecenas teque ego propter eram.
arbiter ipse fui, volui quod contigit esse,
170   pectus eram vere pectoris ipse tui.
vive diu, mi care, senex pete sidera sero:
    est opus hoc terris, te quoque velle decet.
et tibi succrescant iuvenes bis Caesare digni
    et tradant porro Caesaris usque genus.

"但这些已经足够：Caesar，作为朋友追随着你，

我活过，也即将要死去。"他说，

"我要死了，但这些已经足够。

当我突然跟你说我已经离去，

你那温柔的眼中将落泪几许。

让这里将我守护，让我在地下安躺。

我不想让你再有更多的哀伤，

但我想让你记住：这样我将活在你的言谈，

我将一直活着，只要你一直将我记在心坎。

这很自然，我肯定将永远活在你的爱里，

就算我已经逝去，也永远属于你。

而我自己，无论我成为什么样的骨灰和余烬，

我也只会一件事情，那就是记住你！

我愉快地过完了惬意的一生[1]，都是因为你，

我成为了那个唯一的Maecenas，也都是因为你。

我心甘情愿[2]，只想追求够得到的东西，

而我的心，真真正正是在你的心里[3]。

我的关爱啊，祝你百岁长命，

一直到老了再去追求繁星：

这片国土需要你，你也需要这样希望自己！

愿那两位年轻人[4]，两度称值Caesar之名，

愿他们健康成长，追随你的模样，

愿他们承继Caesar一族永远的荣光！

---

[1]原文是"模范"。

[2]原文是"我是自己的控制者"。

[3]原文是"我是你的心的心"。

[4]这两个年轻人应该是Augustus的外孙Gaius Caesar与Lucius Caesar，被其收为养子。但他们后来都早于Augustus去世。"两度"大概指他们既是外孙也是养子。

175   sit secura tibi quam primum Livia[1] coniunx,

      expleat amissi munera rupta gener.

  cum deus in terris[2] divis insignis avitis,

      te Venus in patrio collocet ipsa sinu.'

---

[1]Livia是当时Augustus的妻子，第二任皇帝Tiberius与之前148行Drusus的母亲。

[2]in terris一作intereris。

愿你的妻子Livia，烦恼立刻远离，

愿逝者的任务，由你的女婿[1]接替。

你是世间的神祇，带着先祖神明的印记，

愿Venus她自己，将你抱在你父亲[2]的怀里！"

---

[1] 女婿指Tiberius。前12年Augustus的女婿Agrippa去世，Augustus便强迫养子Tiberius与原配离婚，娶了守寡的女儿Julia，希望他们继续生下子嗣。

[2] 父亲即Julius Caesar，Augustus的义父。而Venus相传是他们一族的先祖Aeneas的母亲。

CIRIS

E tsi me vario[1] iactatum laudis amore
    irritaque expertum fallacis praemia vulgi,
Cecropius[2] suavis exspirans hortulus auras
florentis viridi sophiae complectitur umbra,

5 ut mens quiret eo dignum sibi quaerere carmen,
longe aliud studium inque alios accincta labores,
altius ad magni suspexit sidera mundi
et placitum paucis ausa est ascendere collem:
non tamen absistam coeptum detexere munus,

10 in quo iure meas utinam requiescere Musas[3]
et leviter blandum liceat deponere amorem.
quod si, mirificum genus o Messalla[4] ...
mirificum saecli — modo sit tibi velle libido —
si mihi iam summas sapientia tangeret arces

15 quattuor antiquis heredibus addita consors,
unde hominum errores longe lateque per orbem
despicere atque humilis possem contemnere curas,
non ego te talem venerarer munere tali,

---

[1] 一作vano。
[2] 指代Athens，参见火山之歌581行注。
[3] Muse，文艺女神。
[4] 参见琐记篇ix.40注。

海鸟之歌

我在各种荣耀的爱意间折腾不停[1]，
尝试过谬误的大众，他们空虚的约定[2]；
Athens的庭院散发出甜美的气息，
将我拥抱在智慧之花的绿色阴影；
这样我的灵魂能去追求称心的诗歌，
她[3]已经准备好完全不一样的学习，
她已经预计好完全不一样的苦力，
她远望宏大的苍穹，着眼星星的轨迹，
敢于攀登那极少数人才会欣赏的山脊[4]。
尽管如此，业已启动的工作我不会放弃，
愿我用这工作让我的Muse得以休息，
轻松地播撒下，她们诱人的爱意。

噢，非凡的Messala一族，若是...
这时代非凡的一族——只要你愿意——
若是我的智慧已经触及最高的山顶，
与四位古代的传人比肩前行；
从那里，我能全景俯瞰人世间的谬误，
藐视他们卑微的追逐，
我也不会给如此的你敬献上如此的礼物[5]！

---

[1]大概指学的东西很杂，没有重点。
[2]原文是奖励。
[3]指灵魂。
[4]指哲学。
[5]指前面人世间的平凡而卑微的礼物和追求。

non equidem, quamvis interdum ludere nobis
20   et gracilem molli liceat pede claudere versum:
sed magno intexens, si fas est dicere, peplo[1],
qualis Erectheis[2] olim portatur Athenis,
debita cum castae solvuntur vota Minervae
tardaque confecto redeunt quinquennia lustro[3],
25   cum levis alterno Zephyrus[4] concrebuit Euro[5]
et prono gravidum provexit pondere currum —
felix illa dies, felix et dicitur annus,
felices, qui talem annum videre diemque.
ergo Palladiae[6] texuntur in ordine pugnae,
30   magna Giganteis[7] ornantur pepla tropaeis,
horrida sanguineo pinguntur proelia cocco[8],
additur aurata deiectus cuspide Typhon[9],
qui prius Ossaeis[10] consternens aethera saxis
Emathio[11] celsum duplicabat vertice Olympum —
35   tale deae velum sollemni tempore portant.

---

[1]peplum这里特指Athens四年一度的大祭典（其余年份为小型祭典）时给女神Athena神像穿上的长袍外衣，估计很大。

[2]大概是Erechtheus的变体，传说中Athens的国王。

[3]lustrum这里也是指五年之期（即算上头尾的四年周期）的牺牲节，有时候也指代五年的周期。

[4]Zephyrus，西风之神。

[5]Eurus，东南风之神，也指东风之神。

[6]Pallas即Minerva。

[7]Giganteus是巨人族，参见小蠓之歌28行，火山之歌44行。

[8]coccum是一种猩红色的染料，古人认为是橡树的果子，其实是一种昆虫，学名叫Coccus ilicis，中文叫绛蚧或者红蚧。

[9]Typhon是一位巨人。

[10]Ossa山在Olympus山边上。

[11]Emathius是附近的一个地区名。Emathius之山指Ossa山或者Pelion山，参见火山之歌49行注。

当然不会，即使有时候我们可以游文戏字，
可以用柔和的格调演绎轻快的诗词：
反而，如果圣律允许，我要将你织入庞大的外袍，
正如之前在Erechtheus的Athens，
当人们给圣洁的Minerva献上祭品，
漫长的五年之期终于回到了终点，
轻柔的西风与交替的东南风持续发力，
甚至用这力量吹起了祭典的重马车——
人们说那日是吉日，那年也是吉年，
而亲眼见到那年那日的人也是幸运无比！
于是Pallas的战斗被按次序织入，
那庞大的外袍也被装饰了对巨人族的胜利，
恐怖的战场由猩红的染料绘制，
又加上了被饰金标枪击倒的Typhon，
他先是把Ossa山岩盖上天界，
再将高耸的Olympus山用Emathius之山重叠——
这样神圣的外袍[1]就在这时献给女神。

---

[1]原文是布料。

tali te vellem, iuvenum doctissime, ritu
purpureos inter soles et candida lunae
sidera, caeruleis orbem pulsantia bigis,
naturae rerum magnis intexere chartis,
40   aeternum ut sophiae coniunctum carmine nomen
nostra tuum senibus loqueretur pagina saeclis.
sed quoniam ad tantas nunc primum nascimur artes,
nunc primum teneros firmamus robore nervos:
haec tamen interea, quae possumus, in quibus aevi
45   prima rudimenta et iuvenes exegimus annos,
accipe dona meo multum vigilata labore,
promissa atque diu, iam tandem ...
impia prodigiis ut quondam †exterruit amoris†
Scylla novos avium sublimis in aere coetus
50   viderit et tenui conscendens aethera penna
caeruleis sua tecta super volitaverit alis.
hanc pro purpureo poenam scelerata capillo,
pro patria solvens excisa et funditus urbe.
complures illam magni, Messalla, poetae
55   — nam verum fateamur: amat Polyhymnia[1] verum —
longe alia perhibent mutatam membra figura
Scyllaeum[2] monstro saxum infestasse voraci;

---

[1]Polyhymnia是Muse之一，司职颂歌。
[2]这个Scylla是Odysseus回国路上遇到的海怪，与漩涡怪Charybdis是一对，但与海鸟Scylla不是同一人物。参见小蠓之歌332行注。

以同样的方式，我也希望将你，最有学识的青年，
将你织入这自然世界的庞大图片，
织入驾着天界马车穿越天球，
那紫红的日神与亮白的月神之间，
让你的名字与这智慧之歌相连，
随我的书页，永远回荡在人们的嘴边！

但因我们现在第一次开始如此的艺术，
也是第一次用力量强化我柔软的筋骨：
无论如何，这尽我所能的礼物，
我在这上面花费了我的豆蔻年华，我的青春岁月，
请收下我夜以继日的辛苦，
我这承诺已久的礼物，而现在…

很久之前，恐惧于爱意的厄兆，
罪恶的Scylla，眼见高空中大群的陌生飞鸟，
用纤细的羽毛，向着天空爬高，
挥舞着天蓝的翅膀，在她的住所上空环绕。
这罪人的惩罚，是因为紫红的头发[1]，
那是因为她，化为废墟的国家。
好些个伟大的诗人，Messalla啊，
（我们要说真话，因为Polyhymnia喜欢真话！）
他们讲述了她的手臂变成了完全不同的样貌，
变成了贪吃的怪物，袭扰着Scylla之礁！

---

[1] 见后文。

illam esse, aerumnis quam saepe legamus Vlixi[1]

candida succinctam latrantibus inguina monstris

60   Dulichias[2] vexasse rates, et gurgite in alto,

deprensos nautas canibus lacerasse marinis[3].

sed neque Maeoniae[4] patiuntur credere chartae,

nec †malus† istorum dubiis erroribus auctor.

namque alias alii vulgo finxere puellas

65   quae Colophoniaco[5] Scyllae addicantur Homero.

ipse Crataein[6] ait matrem; sed sive Crataeis,

sive illam monstro generavit Echidna[7] biformi,

sive est neutra parens atque hoc in carmine toto

inguinis est vitium et Veneris[8] descripta libido,

70   sive etiam iactis speciem mutata venenis

infelix virgo — quid enim commiserat illa? —

ipse Pater timidam sola complexus harena

coniugium castae violaverat Amphitrites[9] —

at tamen exegit longo post tempore poenas,

75   ut, cum cura †tuae† veheretur coniugis alto,

ipsa trucem multo misceret sanguine pontum;

---

[1]Ulixes即Odysseus。

[2]Dulichium是Ithaca边上的小岛，这里指代Odysseus的船。

[3]59-61三行见《牧歌集》VI.75-77。

[4]Maeonia即Lydia，在今Turkey。这里指代Homer的史诗（见下注）。

[5]Colophon是传说中Homer的出生地，在Ionia，也在Lydia附近。

[6]Crataeis是传说中Scylla的母亲。

[7]Echidna是传说中的怪物，一说也是Cerberus的母亲。

[8]Venus，爱神。

[9]*Amphitrite*是海王*Poseidon*的妻子。

认为她就是我们常读到的，在Odysseus的苦难之歌——

白色的下身缠绕着咆哮的妖祸，

将他的海船卷入到巨大的漩涡，

海里的凶犬，将被抓走的水手撕成碎片！

但Homer的书页没有支持它的证据，

也没人知道他们这错误说法的始作俑者。

另外一些人创作了各自的女孩，

把她附会成Homer书中的Scylla。

他自己[1]说Crataeis是她的母亲，

但无论是Crataeis或是Echidna，

生出了她这样两种形态的怪物，

又或她们都不是生母，

而在这整部诗歌里都是性欲与乱交的描述！

或者那不幸的少女因为种下的毒药而变身，

（她又犯下了什么过错？）

那海洋之父[2]在孤独的沙滩，

将胆怯的她拥抱入怀，

背叛了妻子，纯洁的Amphitrite——

但是长久的岁月过去，她开始制造灾害，

当那妻子的关爱[3]，航行在深海，

Scylla她自己在这凶猛的波涛中，混上鲜血的澎湃！

---

[1]指Homer。

[2]指Neptune。

[3]海后似乎没有什么风流韵事，这里可能指航行在海里，受大海眷顾的船员们。

seu vero, ut perhibent, forma cum vinceret omnis
et cupidos quaestu passim popularet amantes,
piscibus †et† canibusque malis vallata repente

80   — horribilis circum vidit se existere formas
heu quotiens mirata novos expalluit artus,
ipsa suos quotiens heu pertimuit latratus! —
ausa quod est mulier numen fraudare deorum
et dictam Veneri †notorum vertere poenam†,

85   quam mala multiplici iuvenum consaepta caterva
†dixerat† atque animo meretrix iactata ferarum
— infamem tali merito rumore fuisse
docta Palaephatia[1] testatur voce †Pachynus[2]† —
quidquid et ut quisque est tali de clade locutus,

90   somnia sint: potius liceat notescere cirin
atque unam ex multis Scyllam †non esse† puellis.
quare, quae cantus meditanti mittere †cocos†
magna mihi cupido tribuistis praemia, divae
Pierides[3], quarum castos altaria postis

95   munere saepe meo inficiunt foribusque hyacinthi[4]
deponunt flores aut suave rubens narcissus[5]

---

[1]Palaephatus是一位古希腊的神话作家。
[2]Pachynus是Sicilia岛的东南角，相传那里的Venus神庙中有关于Scylla传说的记录。
[3]Pierides，指代Muse。
[4]hyacinthus这里指的是Gladiolus communis，唐菖蒲，不是现代命名的风信子。
[5]narcissus是水仙。

或者像人们说的，她的美貌胜过了所有人，

掠夺了从四面八方而来，狂热追求者的财富，

突然被鱼群和凶狗的包围，

（啊，她看见，自己变成了恐怖的怪胎！

啊，她多少次因崭新的手臂而脸色苍白！

啊，她多少次因自己的犬吠而惊慌失态！）

她作为一个女人，敢于欺瞒神意，

敢于将许诺献给Venus的赎罪收回，

这赎罪是给那群围在她身边的年轻人，

和这妓女野兽般的灵魂！

（她如此臭名昭著，罪有应得，

连学识丰富的Palaephatus，

还有Pachynus的神庙也这样说。）

无论是谁，无论说了什么样的不幸[1]，

都把它们当作梦幻泡影：

最好让我们熟悉关于ciris海鸟的原委，

这一个Scylla可不是和那众多女孩同类。

神圣的Muse啊，

在我冥思苦想这歌声之时，

你们给予热情的我重要的灵感！

你们那拥有无暇门柱的祭坛，

永远被我献上的礼物[2]熏染！

在你们的门前，

有盛开的唐菖蒲，嫣红的水仙，

---

[1] 上面作者一口气说了四五个版本的故事：Crataeis的女儿；Echidna的女儿；被Neptune勾引而被Amphitrite下毒；因美貌而搜罗财富；臭名昭著的妓女。

[2] 指牺牲。原文是熏染了门柱。

aut crocus[1] alterna coniungens lilia caltha[2]

sparsaque liminibus flaccet rosa. nunc age, divae,

praecipue nostro nunc aspirate labori

100   atque novum aeterno praetexite honore volumen.

sunt Pandioniis[3] vicinae sedibus urbes

Actaeos[4] inter colles et candida Thesei[5]

purpureis late ridentia litora conchis,

quarum non ulli fama concedere digna

105   stat Megara[6], Alcathoi[7] quondam murata labore,

Alcathoi Phoebique[8]: deus namque affuit illi;

unde etiam citharae[9] voces imitatus acutas

saepe lapis recrepat Cyllenia[10] murmura pulsus

et veterem sonitu Phoebi testatur honorem[11].

110   hanc urbem, ante alios qui tum florebat in armis,

fecerat infestam populator remige Minos[12],

---

[1] crocus即Crocus sativus，藏红花。

[2] caltha 也作calta，指Calendula officinalis，金盏花，又叫金盏菊。

[3] Pandion是Athens的国王，Procne与Philomela两姐妹的父亲。这里指代Athens。

[4] Actaeus即Attica，Athens周边的地区。

[5] Theseus是Athens的国王，著名的神话英雄。

[6] Megara是在Attica周边的一座城市。

[7] 神话中有很多同名的Alcathous，这位是Pelops之子，他帮助Megareus国王（Megareus也是传说中后文Nisus的女婿与继任者）杀死了一只狮子，娶了他的女儿，又在Apollo帮助下重建了城墙，后来继承了Megara的王位。他还是Troia战争中Telamon之子Ajax的外祖父。这段故事比Nisus与Scylla所在的时代晚一些。

[8] Phoebus，即Apollo。

[9] cithara是一种弦琴，与lyre类似，但比lyre更加专业化。传说Apollo有一把cithara琴。

[10] Cyllene是Arcadia地区的一座山，Hermes的出生地。同名的nymph妖精也是Hermes的抚养人。

[11] 一作amorem。

[12] Minos是传说中Crete的国王。

还有藏红花，混搭着百合与金盏花的光辉，
散落的蔷薇，在你的门槛前枯萎。
现在来吧，女神们，
现在请格外关注，我这番的苦劳，
给崭新的诗卷，饰上永恒的荣耀！

在Pandion的都市周边，从Attica的山峦，
到Theseus满是闪耀着紫贝的亮白海岸，
有许许多多的城市，
但其中没有其他城市的名声可以与之相比，
那Megara在此屹立；
它曾经由Alcathous的劳苦建起的城墙所保护，
应该说是Alcathous与Phoebus：
因为神明也参与修补。
从此之后，
有一块石头会在敲击下激荡，
模拟类似cithara弦琴的清音，
重现Hermes低语的声响[1]，
见证Apollo古老的荣光。
那Minos，他的军队比别人都要强壮，
他和他的水手们，盯上了这段城墙[2]！

---

[1]传说Hermes发明了lyre琴。一日，Hermes偷了Apollo的牛群，然后用一只牺牲掉的牛的肠线（即用肠子上的粘膜处理后得到琴弦）和龟壳制作了lyre弦琴。然后当愤怒的Apollo前来讨要牛群时，Hermes便弹奏曲子，让Apollo熄灭了怒火，提出用牛群交换弦琴。

[2]原文是"都市"。

hospitio quod se Nisi[1] Polyidos[2] avito
Carpathium[3] fugiens et flumina Caeratea[4]
texerat. hunc bello repetens Gortynius[5] heros
115 Attica Cretaea sternebat rura sagitta.
sed neque tum cives neque tum rex ipse veretur
infesto ad muros volitantis agmine turmas
deicere et indomitas virtute retundere mentes,
responsum quoniam satis est meminisse deorum.
120 nam capite ab summo regis, mirabile dictu,
candida caesarie florebant tempora cana,
et roseus medio surgebat vertice crinis.
cuius quam servata diu natura fuisset,
tam patriam incolumem Nisi regnumque futurum
125 concordes stabili firmarunt numine Parcae[6].
ergo omnis caro residebat cura capillo,
aurea sollemni comptum quem fibula ritu
Cecropiae[7] tereti nectebat dente cicadae.
nec vero haec urbis custodia vana fuisset
130 nec fuerat, ni Scylla novo correpta furore,
Scylla, patris miseri patriaeque inventa sepulcrum,
o nimium cupidis Minoa inhiasset ocellis.

---

[1]Nisus是Megara的国王，Scylla的父亲。
[2]Polyidos是医师Melampus的后代，也是一位预言家，来自Corithus。他让Minos国王的儿子Glaucus起死回生，所以Minos不让Polyidos离开Crete。
[3]Carpathus是Crete与Rhodes之间的一座岛（今名Karpathos），Carpathius指代这周边的海域。
[4]Caeratus是Crete岛上的一条河。
[5]Gortyna是古代Crete的一座城市。
[6]Parcae是命运三女神，司掌人生的长度。
[7]Cecropia指Athens。这里可能是指Athens流行的蝉模样的发夹。

皆因那Polyidos，从Carpathius海与Caeratus河逃离，
在Nisus家族的好客传统下躲避。
Gortyna战场上的英雄[1]正是要将他掳去，
以至Attica的田野上插满了Crete的箭羽！
但那时无论是国民还是国王自己都没有畏惧，
他们有信心将冲击城墙的敌军摧毁，
用勇武将这野蛮的心智击溃：
因为只需要记得，神明的光辉[2]！
因为那国王的头顶以下，说来奇怪，
他闪亮的额头，头发满是灰白，
但头顶正中，却立着一根[3]蔷薇的色彩！
只要这头发一直存在，
那Nisus的国家和统治便会完好无损，
命运三女神一起以神力将此事确认。
所以，全部的关切都放在上面：
每天像过节一样装饰妥当，
拿Athens蝉形的黄金发夹，
用上面光滑的牙齿[4]，固定这宝贵的头发。

若不是Scylla被这突来的疯狂所荼毒，
这城市的守护神可不会没有用处，
而且它也从来不是没有用处[5]；
Scylla，她成就了祖国与悲惨父亲的坟墓，
噢，她死死地盯着Minos，双眼的动人楚楚！

---

[1] 指Minos。
[2] 原文是回复，即神谕。
[3] 按照上下文很难判断是一根还是一束，都说得通。
[4] 指发夹上的"牙齿"。
[5] 这里强调了fuisset与fuerat的区别，即虚拟语气与陈述语气的区别。

sed malus ille puer[1], quem nec sua flectere mater

iratum potuit, quem nec pater atque avus idem

135 Iuppiter — ille etiam Poenos[2] domitare leones

et validas docuit vires mansuescere tigris,

ille simul divos homines, sed dicere magnum est —

idem tum tristis acuebat parvulus iras

Iunonis[3] magnae, cuius periura puella

140 olim — sed meminere diu periuria divae —

non ulli licitam violaverat inscia sedem,

dum sacris operata deae lascivit et extra

procedit longe matrum comitumque catervam,

suspensam gaudens in corpore ludere vestem

145 et tumidos agitante sinus Aquilone[4] relaxans.

necdum etiam castos gustaverat ignis honores,

necdum sollemni lympha perfusa sacerdos

pallentis foliis caput exornarat olivae,

cum lapsa e manibus fugit pila, quoque ea lapsa est,

150 procurrit virgo. quod uti ne prodita[5] ludo

aureolam gracili solvisses corpore pallam!

---

[1]这里大概指小爱神Cupido，与普遍认为他是爱神Venus与战神Mars之子不同，这里似乎认为他是Juppiter与Venus之子，而且认为Juppiter是Venus之父，所以Juppiter既是父亲又是（外）祖父。

[2]Poeni即罗马人的死对头Carthago人。这里指代非洲。

[3]Juno，天后。

[4]Aquilo，北风之神，有掳走少女的前科。

[5]prodita这里指身体被展示了出来，公之于众的意思。

但那恶意的男孩，他的怒火，

连他的母亲[1]或是父亲，

也同是祖父的Juppiter也无法遏制，

（他能驯服非洲的公狮，

教会强壮的母老虎将力量压制，

无论在凡界还是天国——

要说完这些实在太多！）

同样是这个悲情的男孩，

鼓吹起了伟大的Juno，那小小的怒火：

之前这懵懂无知的女孩，破坏了誓言，

（但女神们对渎神可是记得清楚，）

亵渎了Juno她禁地的神殿；

那侍神的女孩在女神的圣殿过于轻浮，

远离了众多嬷嬷与女仆；

微风[2]解开她的衣裳，玩弄她的身体，

膨胀的曲线[3]，在鼓起的北风中欢腾跃动[4]。

火焰还没有品尝圣洁的祭品，

圣水净化过的女祭司，

还没有用苍白的橄榄叶将头顶装饰，

一个球从她的手中滑落，

这少女也在追球时滑倒！

惟愿你没有因这游戏，

松开饰金的外衣，露出修长的身体[5]！

---

[1]指Venus。

[2]原文这里没有指"风"，但很可能暗示了另外一个人。

[3]大概指胸部，也可能指宽松的外袍。

[4]这里可能隐晦地描写了她在神殿的偷欢（渎神）。

[5]诸神才不会小心眼到因为小姑娘摔倒衣服松开而加以惩罚，作者字里行间肯定想暗示什么事情，但是找不到确凿的证据。

omnia, quae retinere gradum cursusque morari

possent, o tecum vellem tua semper haberes!

non, numquam violata manu sacraria divae

155   iurando, infelix, nequiquam †iure paisses†.

etsi quis nocuisse tibi periuria credat,

causa pia est: timuit fratri te ostendere Iuno.

at levis ille deus, cui semper ad ulciscendum

quaeritur ex omni verborum iniuria dicto,

160   aurea fulgenti depromens tela pharetra

— heu nimium certa et nimium terrentia visu —

virginis in tenera defixit acumina mente.

quae simul ac venis hausit sitientibus ignem

et validum penitus concepit in ossa furorem,

165   saeva velut gelidis Edonum[1] Bistonis[2] oris

ictave barbarico Cybeles[3] antistita buxo[4],

infelix virgo tota bacchatur[5] in urbe,

non storace[6] Idaeo[7] fragrantis vincta capillos,

coccina non teneris pedibus Sicyonia[8] servans,

170   non niveo retinens bacata monilia collo.

---

[1]Edoni是Thrace的一个部落，以酒神崇拜闻名。

[2]Bistones这里也是指代Thrace（及其酒神崇拜的文化）。参见小蠓之歌252行注。

[3]Cybele，地母神。

[4]buxus本意是黄杨树，这里可能指代它制作的乐器，比如笛子。

[5]bacchor这个动词原意是庆祝酒神的节日，引申为发酒疯，癫狂等。

[6]storax又作styrax，中文为安息香。安息是汉人对Parthi人的称呼。

[7]Ida山，更有可能是Troia附近的那座，而不是Crete的Ida山。

[8]Sicyon在Peloponnese半岛东北，离Megara不远。这里很可能是指代希腊式的鞋子。

所有那些能拖住步伐，放缓速度的东西，

我真希望，你能一直能拿好它们[1]！

不幸的少女啊，

千万不要在女神的圣殿，

违背自己用手起誓的诺言，

不要发毫无价值的伪誓！

即使有人相信是伪誓对你造成伤害，

那原因也是正当的：

Juno她担心她的兄弟[2]把你瞧见。

但那个轻盈的神明[3]，

他总是在每句话中挑出漏洞加以惩治，

他从闪亮的箭筒中抽出黄金的箭矢，

（呜呼！这箭太过准确，看起来太过恐怖！）

那尖头直接命中少女柔弱的心智。

当她将欲火吸收进干渴的血水，

将确实的疯狂深深地埋入骨髓，

她就像Thrace冰冷的领地上疯癫的Edonus人，

或是像在蛮族的黄杨笛声下，那地母神的祭司，

这不幸的少女，围着城市狂奔！

头上没有戴着Ida山产的安息香饰物，

娇嫩的双足没有猩红的希腊鞋保护，

白皙的脖子上也没有挂着项链的珍珠。

---

[1] 这句也是猜谜。看上去像是说那个球，但实际似乎又在说其他的玩意。

[2] 指风流花心的Juppiter。这里又说，Juno怕Juppiter贪图Scylla的美色，所以提前提防。

[3] 指Cupido，他一般长着翅膀在天上飞，所以称为轻盈。

multum illi incerto trepidant vestigia cursu:
saepe petit patrios ascendere perdita muros
aeriasque facit causam sibi visere turris;
saepe etiam tristis volvens in nocte querelas
175 sedibus ex altis †caeli† speculatur amorem
castraque prospectat crebris lucentia flammis.
nulla colum novit, fusum non respicit aurum,
non arguta sonant tenui psalteria[1] chorda,
non Libyco[2] molles plauduntur pectine telae.
180 nullus in ore rubor: ubi enim rubor, obstat amori.
atque ubi nulla malis reperit solacia tantis
tabidulamque videt labi per viscera mortem,
quo vocat ire dolor, subigunt quo tendere fata,
fertur et horribili praeceps impellitur oestro,
185 ut patris, a, demens, crinem de vertice sacrum
furtive arguto detonsum mitteret hosti.
namque haec condicio miserae proponitur una,
sive illa ignorans — quis non bonus omnia malit
credere quam tanti sceleris damnare puellam? —
190 heu tamen infelix: quid enim imprudentia prodest?

---

[1]psalterium是一种弦乐器，中文叫拨弦扬琴。
[2]Libya，当时可以泛指非洲，这里可能指代象牙。

她的脚步在不定的路途中跌跌撞撞：

带着绝望的爱意，

她好几次爬上祖国的城墙，

给自己理由去看下那高耸的塔防；

她好几次在夜里哀叹着悲伤，

从高处的王座俯瞰她的爱郎，

盯着下面明亮的军营，密集的火光！

她忘记了线棒，也不去看下黄金的纺锤，

弦琴上的柔弦，再也没有乐声的优美，

柔软的经线下，再也没有象牙栅[1]敲击的轻脆。

她的脸上都没有红润，

有的话，那就是爱情的阻力！

她发现找不到什么能缓解如此的恶意，

看见那吞噬万物的死亡在她内心盘旋不已，

苦痛呼喊着她，命运驱使着她，

恐怖的牛虻[2]也在紧追不息！

以至她从父亲的头顶剪下神圣的头发，

噢，真是疯狂！偷偷送给对阵的敌军！

只因这不幸的少女面前只放了这一种选择，

或者她并不知情[3]，

（哪个正人君子不会倾向于相信她，

去指责这少女犯下了如此的罪过？）

无论怎样，啊，不幸的少女，

就算你不知道，那又能如何？

---

[1] 这时织布机上的一个部件，像梳子一样的栅板。

[2] 参见《农事诗》III.148，这里比喻为欲火或者疯狂。

[3] 指不知道紫发的重要。

Nise pater, cui direpta crudeliter urbe
vix erit una super sedes in turribus altis,
fessus ubi exstructo possis considere nido,
tum quoque avis metuere: dabit tibi filia poenas.
195 gaudete, o celeres, subnixae nubibus altis,
quae mare, quae viridis silvas lucosque sonantis
incolitis, gaudete, vagae, gaudete, volucres,
vosque adeo, humanos mutatae corporis artus,
vos o crudeles fatorum lege puellae
200 Dauliades[1], gaudete: venit carissima vobis
cognatos augens reges numerumque suorum
ciris et ipse pater. vos o pulcherrima quondam
corpora, caeruleas praeverrite in aethere nubes,
qua novus ad superum sedes haliaeetos et qua
205 candida concessos ascendat ciris honores.
iamque adeo dulci devinctus lumina somno
Nisus erat, vigilumque procul custodia primis
excubias foribus studio iactabat inani,
cum furtim tacito descendens Scylla cubili
210 auribus arrectis nocturna silentia temptat
et pressis tenuem singultibus aera captat.

---

[1]Daulis是希腊中部的一座城市，Procne与Philomela的故事就在这里发生，参见小蠓之歌252行注。这里指代这两位变成鸟的女子。

Nisus父亲！你的城市被疯狂地掠夺！

你高耸的城堡里几乎找不到一处落脚，

让疲惫不堪的你可以在上面筑巢！

作为飞鸟你也被畏惧：是你女儿要接受惩罚。

噢，迅捷的鸟儿们，愉悦吧，

高空的云朵将你们承载，

你们住在大海，

你们住在喧闹的圣林[1]，

你们住在森林的色彩，

愉悦吧，放浪的鸟儿们，愉悦吧！

还有你们，变幻了人类身上的手臂，

噢，你们，被残酷命运拉扯的少女，

Procne与Philomela，愉悦吧！

你们最关爱的ciris，她还有她的父亲，

增加了王室成员[2]的数量！

噢，你们之前那最美丽的身体，

掠过了高空天蓝的云层，

那里，新生的海雕冲上至高的王座，

那里，亮白的海鸟飞向神赐的荣光。

Nisus的双眼被甜蜜的睡眠所笼罩，

毫无警觉的值夜守卫远在大门处闲聊，

Scylla悄悄地走下她安静的睡床，

敏锐的耳朵，试探着深夜的沉寂，

压低的呼吸，抓紧这稀薄的空气。

---

[1]lucus特指神庙周边的林子。

[2]Procne两姐妹是Athens国王Pandion I的女儿，而Nisus是其孙Pandion II的儿子。

tum suspensa levans digitis vestigia primis
egreditur ferroque manus armata bidenti
avolat: at demptae subita in formidine vires.
215 caeruleas sua furta prius testatur ad umbras;
nam qua se ad patrium tendebat semita limen,
vestibulo in thalami paulum remoratur et alte
suspicit ad celsi nictantia sidera mundi,
non accepta piis promittens munera divis.
220 quam simul Ogygii[1] Phoenicis[2] filia Carme
pergere sensit anus — sonitum nam fecerat illi
marmoreo aeratus stridens in limine cardo[3] —
corripit extemplo fessam languore puellam,
et simul 'o nobis sacrum caput' inquit 'alumna,
225 non tibi nequiquam viridis per viscera pallor
aegroto tenuis suffudit sanguine venas,
nec levis, hoc faceres, neque enim pote, cura subegit —
aut fallor: quod ut o potius, Rhamnusia[4], fallar!

---

[1] Ogyges是希腊中部Thebes的国王，这里Ogygius指代Thebes人。

[2] 神话中有两个Phoenix，一个Phoenix是Amyntor的儿子，Achilles的导师，曾参与Troia战争，但他所在的年代比Nisus晚了一个世纪。另一个是Tyre的国王Agenor之子，Minos的舅舅，于是这个Carme就是Minos的表姐，但是他跟Thebes又没有关系。有可能是作者把两个Phoenix混淆了。

[3] cardo指的是门与墙连接的部位，即门轴。

[4] Rhamnus在希腊东部，以报应女神Nemesis的神庙闻名。

她惦着脚尖，放轻脚步，

手上拿着双齿的铁器[1]飞奔，

突然，她的勇气在恐惧中消散！

她先向夜色的阴影坦白了自己的相思[2]；

这里有条通道，通向父亲的门槛，

她在睡房的门口，稍作迟疑，

仰望着群星闪耀的天际，

向着正义的诸神许诺那无人问津的献礼。

这时Carme，Thebes的Phoenix之女，

这老婆婆听到了她匆匆的步履，

（铜的门轴与大理石的门槛，

在那时发出嘎吱的声响，）

她立刻斥责这犹豫不决的少女：

"噢，我的孩子[3]，

你对我来说如此神圣！

苍白的绿色遍布你全身的黯然，

病态的血液充斥你柔弱的血管，

这不可能是毫无根源！

若是简单的相思（不，这不可能），

不会让你做这种事情——

或是我错了，噢，Nemesis啊，

真希望是我错了，有多好！

---

[1] 大概是剪刀。

[2] furtum可以指偷窃一事，也可以指秘密的爱意。

[3] 这里alumna指Carme是Scylla小时候的乳母，Scylla是Carme带大的孩子，即"乳女"，但是在中文语境似乎没有专门的称呼，接近的词还有"义女"，"养女"或者"干女儿"，这里按照上下文酌情翻译。

nam qua te causa nec dulcis pocula Bacchi

230　nec gravidos Cereris dicam contingere fetus,

qua causa ad patrium solam vigilare cubile,

tempore quo fessas mortalia pectora curas,

quo rapidos etiam requiescunt flumina cursus?

dic age nunc miserae saltem — quod saepe petenti

235　iurabas nihil esse mihi — cur maesta parentis

formosos circum virgo remorere capillos!

ei mihi, ne furor ille tuos invaserit artus,

ille Arabae Myrrhae[1] quondam qui cepit ocellos,

ut scelere infando — quod nec sinat Adrastea[2] —

240　laedere utrumque uno studeas errore parentem!

quod si alio quovis animi iactaris amore

— nam te iactari, non est Amathusia[3] nostri

tam rudis, ut nullo possim cognoscere signo —

si concessus amor noto te macerat igni:

245　per tibi Dictynnae[4] praesentia numina iuro,

prima deum, quae — dulce! — mihi te donat alumnam,

omnia me potius digna atque indigna laborum,

filia, visuram, quam te tam tristibus istis

sordibus et senio patiar tabescere tali.'

---

[1]Myrrha本是Cyprus的公主，与她的父亲乱伦，后逃到Arabia，生下了美少年Adonis。她后来变成了没药树。

[2]Adrastea即报应女神Nemesis。

[3]Amathus是Cyprus的一座小镇，相传是Venus的圣地。Amathusia即指Venus。

[4]Dictynna即高山与狩猎的女神Britomartis，相传她是Carme与*Zeus*的女儿。

我该说，你为何没有拿着Bacchus甜美的酒杯，
你为何没有享用Ceres沉甸的谷穗，
你为何独自在父亲的床前流连不归[1]，
在这个时点，凡人之心都带着疲惫，
就连小河都放缓了它们湍急的流水？
来吧，至少跟可怜的我说下，
（我问起的时候，你常常跟我发誓说没有事情！）
为什么，你这忧郁的少女，
为什么要流连于父亲美丽的发缕！
噢我的天，愿那疯狂还没有入侵你的手足，
那疯狂把Arabia的Myrrha她的双眼抓住，
以这耸人听闻的罪恶，
（Nemesis女神可不会放过！）
你用一件错事，同时让你父母[2]羞辱！
但若你被心中另外的爱意搅得到处乱跑，
（Venus对我来说可不陌生，
所以就算没有其它征兆，
我也能知道你的煎熬！）
但若被允许的爱意用那著名的火焰把你灼烧：
我以Dictynna女神之名向你起誓，
她是诸神中首先（如此甜蜜！）托我把你带大，
我自己宁可去面对所有苦劳，无论值不值得，
我的女儿啊，我也不愿忍受，
你沉陷于这可怕的泥潭，
你在如此的悲哀中腐烂！”

---

[1]原文是守夜，守卫。
[2]这里Carme似乎误会了。

250   haec loquitur, mollique ut se nudavit amictu,
         frigidulam iniecta circumdat veste puellam,
         quae prius in tenui steterat succincta crocota.
         dulcia deinde genis rorantibus oscula figens
         persequitur miserae causas exquirere tabis.

255   nec tamen ante ullas patitur sibi reddere voces,
         marmoreum tremebunda pedem quam rettulit intra.
         illa autem 'quid ... me' inquit, 'nutricula, torques?
         quid tantum properas nostros novisse furores?
         non ego consueto mortalibus uror amore,

260   nec mihi notorum deflectunt lumina vultus,
         nec genitor cordi est: ultro namque odimus omnis.
         nil amat hic animus, nutrix, quod oportet amari,
         in quo, falsa tamen, lateat pietatis imago:
         sed media ex acie, mediis ex hostibus — eheu,

265   quid dicam quove aegra malum hoc exordiar ore?
         dicam equidem, quoniam tu nunc non dicere, nutrix,
         non sinis: extremum hoc munus morientis habeto —
         ille — vides — nostris qui moenibus assidet hostis,
         quem pater ipse deum sceptri donavit honore,

270   cui Parcae[1] tribuere nec ullo vulnere laedi,
         — dicendum est: frustra circumvehor omnia verbis —
         ille mea, ille idem oppugnat praecordia Minos.

---

[1]Parcae，命运三女神。

她说着这些，把自己身上柔软的外袍脱下，
用它将冰冷的女孩裹起，
之前她站在那里，只穿着单薄的金色睡衣！
随后她甜甜地亲吻着女孩满是泪水的小脸，
继续盘问着可悲癔病的起源。
但她不让女孩回答她的问题，
直到颤抖的她带着亮白的脚回到屋里。
但她这样说道："乳母啊，你为何将我折磨？
你为何如此急切地想知道我的欲火？
我不是被凡人那普通的火焰所烧灼，
那些熟人的面容没有让我在意，
我的父亲，更加不是在我心里：
恰恰相反，我恨所有这些东西！
乳母啊，我的灵魂没有去爱任何应该被爱之人，
在它里面，即使是假的，也藏着爱的虚像：
但那是在前锋的正中，在敌军的正中！
啊，我该说些什么？
我这苦难之人又有什么脸去述说这心酸？
我还是会说的，因为，乳母啊，
你现在不会允许我不说——
他（你见过），他作为敌人攻击我们的城墙，
连父神自己也给他标志荣耀的权杖，
命运女神让他不会受任何小伤，
（我必须承认，我拐弯抹角地说这些全是徒劳，）
他，就是同一个他，
Minos，他直击了我的心房！

quod per te divum crebros obtestor amores
perque tuum memori sanctum mihi pectus alumnae,
275   ut me, si servare potes, nec perdere malis;
sin autem optatae spes est incisa salutis,
nec mihi, quam merui, invideas, nutricula, mortem.
nam nisi te nobis malus o malus, optima Carme,
ante in conspectum casusve deusve tulisset,
280   aut ferro hoc' — aperit ferrum, quod veste latebat —
'purpureum patris dempsissem vertice crinem
aut mihi praesenti peperissem vulnere letum.'
vix haec ediderat, cum clade exterrita tristi
incomptos multo deturpat pulvere crinis
285   et graviter questu Carme complorat anili:
'o mihi nunc iterum crudelis reddite Minos,
o iterum nostrae Minos inimice senectae:
†semper aut† olim natae te propter eundem
†aut† Amor insanae luctum portavit alumnae.
290   tene ego tam longe rapta atque avecta nequivi,
tam grave servitium, tam duros passa labores,
effugere, o bis iam exitium crudele meorum?

我恳请你，以诸神无尽的爱意，
我恳请你，以你神圣的乳汁对我记忆犹新！
若是你能拯救我，请不要把我丢弃！
但若我期待的希望已经落空，
乳母啊，请不要怨我，我是死有余辜！
噢，最亲爱的Carme，
若不是那恶意的命运，或是恶意的神明，
把你带到我的面前，
不然用这剪刀——"
（她拿出藏在衣服下的剪刀，）
"我已经从父亲头顶剪下紫发，
或是当场用来了结我自己！"
Scylla刚刚说完这些，
Carme就被这可悲的灾难所惊吓，
一头乱发上平添了诸多灰尘[1]，
她用沧桑的嗓音沉痛地哀泣：
"噢，Minos，现在你又对我如此残忍，
噢，Minos，我老了你也要与我为敌：
爱神通过你给我的女儿[2]带来悲伤，
如今同样通过你让我的义女疯狂！
我被掳到如此遥远之地[3]，
经历了如此深重的奴役，
忍受了如此艰难的苦力，
都不能逃离你——
噢，残忍的你，两度成为我的心疾？

[1]这句很难懂，可能是说头发被吓白了？
[2]Minos曾经追求Carme的女儿Britomartis而不得。
[3]大概指从Crete到了Megara。

iam iam nec nobis aequo senioribus ullum,
vivere uti cupiam, vivit genus. ut quid ego amens
295   te erepta, o Britomarti, mihi spes una sepulcri,
te, Britomarti, diem potui producere vitae?
atque utinam celeri nec tantum grata Dianae
venatus esses virgo sectata virorum:
Cnosia[1] nec Partho[2] contendens spicula cornu
300   Dictaeas[3] ageres ad gramina nota capellas;
numquam tam obnixe fugiens Minois amores
praeceps aerii specula de montis abisses,
unde alii fugisse ferunt et numen Aphaeae[4]
virginis assignant, alii, quo notior esses,
305   Dictynnam dixere tuo de nomine Lunam.
sint haec vera velim: mihi certe, nata, peristi;
numquam ego te summo volitantem vertice montis
Hyrcanos[5] inter comites agmenque ferarum
conspiciam nec te redeuntem amplexa tenebo.
310   verum haec tum non sic gravia atque indigna fuere,
tum, mea alumna, tui cum spes integra manebat
et vox ista meas nondum violaverat auris.

---

[1] Cnossus是当时Crete的首府，这里Cnosia即指代Crete岛，以弓术闻名，参见《牧歌集》X.59。

[2] Parthi人，即安息人，擅长弓术。

[3] Dicte是Crete的一座山，相传Zeus在山里长大。

[4] Aphaea只在Athens西南的Aegina岛上有祭祀，可能是当地的本土神，后来被混同于Athena或Artemis或Britomartis。

[5] Hyrcania远在今Iran，这里 "Hyrcania来的伙伴" 可能是狗。

现在我已经活得很足够了[1]，

既没有子嗣活着，也不希望再活下去。

噢，Britomartis，我唯一的希望[2]，

噢，Britomartis，当你已经逝去，

我为何要傻傻地延长自己的生命？

惟愿你没有让迅捷的Diana垂青，

惟愿你没有跟随男人们的狩猎：

这样你就不会拿Parthi的牛角弓，让Crete的箭矢飞翔，

而是赶着Dicte山的山羊，去那著名的草场；

这样你就不会用力地逃离Minos的求爱，

一头从高耸山巅的悬崖，跳下大海[3]！

有些人认为你已经逃脱，将你称为处女神Aphaea，

还有些人，让你更加有名，

用你的名字Dictynna称呼月神[4]！

我好希望这些都是真的：

但对我来说，女儿啊，你的确已经逝去；

我再也看不见你在大山山顶上，

在Hyrcanus来的伙伴和大群野兽间来回奔跑，

也不能在你回家时把你拥抱！

但就算是这样，我也没有如此沉重，如此失落，

那时，我的孩子啊，你还有完整的希望寄托，

那时，这声音[5]还没有搅动我的耳膜！

---

[1] 原文是"比正常要老"。
[2] 原文是"墓地的希望"，即死后有人给自己建墓地。
[3] 也有故事说，Britomartis为躲避Minos跳入大海后被渔夫的渔网救起。
[4] 这里的月神不是*Selene*而是*Artemis*，即Diana。
[5] 指之前Scylla说的事情。

tene etiam fortuna mihi crudelis ademit,
tene, o sola meae vivendi causa senectae?

315   saepe, tuo dulci nequiquam capta sopore,
cum premeret natura, mori me velle negavi,
ut tibi Corycio[1] glomerarem flammea[2] luto[3].
quo nunc me, infelix, aut quo me fata reservant?
an nescis, qua lege patris de vertice summo

320   edita candentis praetexat purpura canos,
quae tenui patriae spes sit suspensa capillo?
si nescis, aliquam possum sperare salutem,
inscia quandoquidem scelus es conata nefandum.
sin est, quod metuo, per te, mea alumna, tuumque

325   expertum multis miserae mihi rebus amorem
parcere, saeva, precor, per †flumina Elithie[4] †,
ne tantum in facinus tam nulla mente feraris.
non ego te incepto — fieri quod non pote — conor
flectere amore, nec est cum dis contendere nostrum:

330   sed patris incolumi potius denubere regno
atque aliquos tamen esse velis tibi, alumna, penates[5];
hoc unum exilio docta atque experta monebo.

---

[1]Corycus是Ionia的一座山，以藏红花闻名。

[2]flammeum是罗马新娘出嫁时戴的火焰色面纱。

[3]lutum本是一种作为黄色染料的植物，引申为黄色，而藏红色接近与金色。

[4]这个词很可能跟Eileithyia或Ilithyia有关，她是Juno之女，掌管生育的女神。

[5]Penates是罗马的家神，这里指代家庭。

如今残酷的命运将你从我这夺走，

你可是我老太婆要活下去唯一的理由？

常常，我被你甜蜜的沉睡[1]所吸引，

而当自然招我时[2]，我一再拒绝那死亡的压榨，

这样我能等到，为你编织金黄色的新娘面纱！

不幸的人啊[3]，而今为何命运还要将我留下？

你难道不知道，是因何种的恩赐，

在你父亲的头顶，闪亮的灰白间加上了红紫，

而全国的希望，都悬在这根纤细的发丝？

若是你真不知，那我还能期望些许救赎，

因为你是无心犯下如此滔天的错误。

若是如我担忧的那样，

那我恳求你，以你是我的义女，

也因你对不幸之人，对我的爱意，

（这爱意有许多事情可以证明，）

我恳求你，以Ilithyia的名义，

停下来吧，疯狂的你，

不要再不假思索，以至犯下大错！

我也不会试图去改变你已经开始的爱恋，

（这也不可能做得到，）

我也不可能去对抗神明：

但你应该找一段婚姻，

不会损害你父亲统治的婚姻，

孩子啊，至少你应该希望有个家庭；

这就是以我流亡中的知识和经验，给你的一条建议。

---

[1]可能指睡相？

[2]原文是"压迫"。

[3]这里infelix指Scylla。

quod si non ulla poteris ratione parentem,

flectere — sed poteris: quid enim non unica[1] possis? —

335   tum potius tamen ista, aliquo cum iure licebit,

cum furti causam tempusque doloris habebis,

tum potius conata tua atque incepta referto,

meque deosque tibi comites, mea alumna, futuros

polliceor: nihil est, quod texitur ordine, longum.'

340   his ubi sollicitos animi relevaverat aestus

vocibus et blanda pectus spe mulserat aegrum,

paulatim tremebunda genis obducere vestem

virginis et placidam tenebris captare quietem,

inverso bibulum restinguens lumen olivo,

345   incipit ad crebrosque insani pectoris ictus

ferre manum, assiduis mulcens praecordia palmis.

noctem illam sic maesta super morientis alumnae

frigidulos cubito subnixa pependit ocellos.

postera lux ubi laeta diem mortalibus almum

350   et gelida venientem ignem quatiebat ab Oeta[2],

quem pavidae alternis fugitant optantque puellae,

— Hesperium[3] vitant, optant ardescere Eoum[4] —

praeceptis paret virgo nutricis et omnis

undique conquirit nubendi sedula causas.

---

[1] 但是在其他传说故事中，Nisus还有另外两位女儿：Iphinoe，后来成为Megareus的妻子；以及Eurynome，Corithnus的王后。

[2] Oeta山，相传昏星从这里出来，参见《牧歌集》VIII.30。

[3] *Hesperus*，昏星。

[4] *Eos*是曙光女神，这里Eous指代晨星。

但是如果你无论如何都没办法说服你的父亲，
（但你肯定有办法：
作为他唯一的女儿，你有什么做不到？）
你最好先暂停你的尝试，暂停你开始的计划，
最好当你有道义的支持，在另外的时间，
当你有偷盗的理由和悲伤的空闲，
到时候，我的孩子啊，
我保证那时，我和神明都会是你的同伴：
——井然有序者，事半功倍[1]。"

她用这些话语缓解了少女内心激荡的欲火，
用诱人的希望抚慰了她痛苦的灵魂；
她开始一点点用睡衣盖上少女的脸颊，
在黑暗中抓住这安神的宁静，
反转了下油灯[2]，把吸油的火光熄灭，
继而用手持续地揉搓女孩狂热的胸部，
用手掌不间断地对她的身体进行爱抚。
一整夜，她就如此用手肘支撑着自己，
用冰冷的双眼看着伤心欲绝的瑰丽。

之后，当快乐的曙光将活力的白天带给凡间，
火苗[3]从冰冷的Oeta山上摇曳着出现，
那些胆怯的女孩，时而选择时而逃避，
（她们躲避昏星，却希望晨星的火光。）
而我们这位少女马上听从了乳母的建议，
忙着四处打听，所有婚姻的消息。

---

[1]原文是"按顺序织布，不会花太长时间"。
[2]这个动词很难理解，可能是用油把灯芯全部盖住。
[3]指晨星。

355 temptantur patriae summissis vocibus aures,
  laudanturque bonae pacis bona: nullus inepte
  virginis insolitae sermo novus errat in ore.
  nunc tremere instantis belli certamina dicit
  communemque timere deum; nunc regis amicis
360 — namque ipsi verita est — orbum[1] flet maesta parentem,
  cum Iove communis qui nolit habere nepotes;
  nunc etiam conficta dolo mendacia turpi
  invenit et divum terret formidine civis;
  nunc alia ex aliis — nec desunt — omina quaerit;
365 quin etiam castos ausa est corrumpere vates,
  ut, cum caesa pio cecidisset victima ferro,
  essent, qui generum Minoa auctoribus extis
  iungere et ancipitis suaderent tollere pugnas.
  at nutrix patula componens sulpura testa
370 narcissum casiamque herbas incendit olentis,
  terque novena ligans triplici diversa colore
  fila 'ter in gremium mecum' inquit 'despue, virgo[2],
  despue ter, virgo: numero deus impare gaudet.'

---

[1] 一作torvum。
[2] 这里作者可能暗示了魔法咒语失效的原因。

她用谦卑的声音试探着父亲的耳朵，
赞美着和平带来的益处：
这个笨拙的女孩，
从没有如此尴尬地说起这样新奇的话题。
有时，她说起她害怕战场的残酷，
恐惧于神明[1]的无情；
有时，她又对国王的朋友们，
（她害怕直接跟他说，）
伤心地哭诉起父亲的绝后，
因为他不愿意与Juppiter有共同的孙子[2]；
有时，她设计了拙劣的花招，
用对诸神的忧惧恐吓国民；
有时，她会寻求一个又一个符谶（这个从来不缺）；
她甚至敢去贿赂那些清白的预言家，
只要有人用圣刀宰杀完牺牲，
就会有人拿内脏上的卦象当神谕，
让国王答应接受Minos做女婿，
结束这迟迟不决的战局。

那乳母将硫磺放在陶盆里燃烧，
点燃了水仙，瑞香和香味的野草，
她用三色的九重线绕了三圈，
说道："跟我一起，对着胸部吐三次，纯洁的孩子，
吐三次，纯洁的孩子：是奇数，天神就喜欢[3]。"

---

[1]可能是战神或者命运之神。
[2]Minos是Juppiter之子。
[3]参见《牧歌集》VIII.75。

inde mago geminata Iovi fert sedula sacra,
375　　sacra nec Idaeis[1] anubus nec cognita Grais;
pergit Amyclaeo[2] spargens altaria thallo
regis Iolciacis[3] animum defigere votis.
verum ubi nulla movet stabilem fallacia Nisum,
nec possunt homines nec possunt flectere divi
380　　— tanta est in parvo fiducia crine cavendi —
rursus ad inceptum sociam se adiungit alumnae,
purpureumque parat rursus tondere capillum.
tam longo quod iam captat succurrere amori,
nec minus ipsa tamen revehi quod moenia Cretae
385　　gaudeat: et cineri patria est iucunda sepulto.
ergo iterum capiti Scylla est inimica paterno
tum coma Sidonio[4] florens deciditur ostro,
tum capitur Megara et divum responsa probantur,
tum suspensa novo ritu de navibus altis
390　　per mare caeruleum trahitur Niseia virgo.
complures illam nymphae mirantur in undis,
miratur pater Oceanus[5] et candida Tethys[6]
et cupidas secum rapiens Galatea[7] sorores;

---

[1] Ida山，指代Crete岛。
[2] Amyclae是Laconia的一座城市，这里指代Sparta。
[3] Iolcos在Thessaly，是沿海的港口。
[4] Sidon是重要的紫色染料（ostrum）的产地，在今Lebanon。
[5] *Oceanus*是Titan时代的海神。
[6] *Tethys*是*Oceanus*的妻子。
[7] Galatea是一位水之妖精nymph。

然后她又重复了一次繁忙的仪式，
这献给魔法Juppiter的仪式，
无论是Crete还是希腊本土的老女巫都不认识！
她用Amyclae的枝条撒在祭坛周围，
念着Iolcos的咒语，束缚国王的心绪。

但真的没有什么诡计能动摇Nisus的坚定，
没有人可以说服他，无论是凡人还是神明，
（这小小的一根头发给了他保卫国家如此的信心！）
于是她再次开始了与义女的共谋，
再次准备去剪下那紫发。
因为她可以给长久而来的爱意提供援手，
同样，她自己也乐于回到Crete的城楼：
甚至对于埋下的骨灰而言，
那片故土还是更让人留恋。

于是Scylla再次成了父亲头颅之敌，
然后那根绽放着Sidon之紫的头发就被削剪，
然后Megara沦陷，神谕也得到了符验，
然后，Nisus的女儿就被奇怪地吊在高船之上，
拖曳于天蓝的大海上前行。
好多水仙女在波涛上惊奇地看着她，
连海洋之父Oceanus与亮白的Tethys也在惊叹，
连Galatea也拉着好奇的姐妹们与她一起闲谈；

illa etiam, iunctis magnum quae piscibus aequor

395　et glauco bipedum curru metitur equorum[1],

Leucothea parvusque dea cum matre Palaemon[2],

illi etiam alternas sortiti vivere luces,

cara Iovis suboles, magnum Iovis incrementum,

Tyndaridae[3] niveos mirantur virginis artus.

400　has adeo voces atque haec lamenta per auras

fluctibus in mediis questu volvebat inani,

ad caelum infelix ardentia lumina tendens,

lumina, nam teneras arcebant vincula palmas:

'supprimite o paulum turbati flamina venti,

405　dum queror et divos, quamquam nil testibus illis

profeci, extrema moriens tamen alloquor hora[4].

vos ego, vos adeo, venti, testabor, et aurae,

vos, olim humana si qui de gente venitis;

cernitis? illa ego sum cognato sanguine vobis

410　Scylla — quod o salva liceat te dicere, Procne —

illa ego sum Nisi pollentis filia quondam,

certatim ex omni petiit quam Graecia regno,

qua curvus terras amplectitur Hellespontus;

illa ego sum, Minos, sacrato foedere coniunx

415　dicta tibi: tamen haec, etsi non accipis, audi.

---

[1]这两句参见《农事诗》IV.388-389。

[2]Melicerta是Ino的儿子，本来都是凡人，二人投水而亡后都变成了神明。Ino成为水之妖精Leucothea，Melicerta成为海神Palaemon。相传他们母子会保佑船员。

[3]Tyndareus是Sparta的国王，他的王后Leda生了双胞胎Castor与Pollux，以及Helen和Clytemnestra。这里Tyndaridae指的是Castor与Pollux，即双子座的兄弟。

[4]这两句参见《牧歌集》VIII.19-20。

来看她的还有与共轭的鱼[1]穿越大海，
驾驶着闪亮的双足马车，Leucothea，
以及与他神圣的母亲一起，小小的Palaemon。
还有，由命运决定交替白天的生活，
Juppiter钟爱的子嗣，Juppiter伟大的传承，
Tyndareus的双子，也来欣赏这处女雪白的手臂！

在波涛间，她透过空气徒劳地报怨，
传达着这些话语，这些哭诉；
不幸的少女向着天空抬起燃烧的目光，
唯有目光，因为枷锁控制着她稚嫩的手掌：
"风啊，请稍稍压制一下这混乱的吹拂，
我在此哀哭，尽管神明见证并没有给我带来幸福，
我在此倾诉，向着神明说出我这将死之人的痛苦！
你们，我就是找你们做见证，风神和清风，
还有你们也来了，曾经源自人类的种族[2]；
你们能看见我吗？
我就是那著名的Scylla，你们的血亲，
（噢，Procne，愿你安然无恙[3]！）
我就是那个曾经强大的Nisus之女，
整个希腊，所有的国家，都来疯狂地追求我，
直到弯曲的Hellespontus海峡所包围之地；
我就是那个女孩，Minos，
由神圣的契约宣布为你的妻子：
即使你不承认这事，你也听着！

---

[1] 可能是海豚或者某种海兽。
[2] 指Procne与Philomela。
[3] Procne被她丈夫Tereus变成的戴胜鸟追逐。

vinctane tam magni tranabo gurgitis undas,
vincta tot assiduas pendebo ex ordine luces?
non equidem me alio possum contendere dignam
supplicio, quae sic patriam carosque penates
420   hostibus immitique addixi ignara tyranno.
verum istaec, Minos, illos, celerate, putavi,
si nostra ante aliqui nudasset foedera casus,
facturos, quorum direptis moenibus urbis
— o ego crudelis! — flamma delubra petivi:
425   te vero victore prius vel sidera cursus
mutatura suos quam te mihi talia captae
facturum metui. iam iam scelus omnia vicit.
tene ego plus patrio dilexi perdita regno,
tene ego? nec mirum: vultu decepta puella
430   ut vidi, ut perii, ut me malus abstulit error[1].
non equidem ex isto speravi corpore posse
tale malum nasci, formae vel sidere falli.
me non deliciis commovit regia dives,
curalio fragili aut electro lacrimoso,
435   me non florentes aequali[2] corpore nymphae,
non metus impendens potuit retinere deorum.

---

[1] 参见《牧歌集》VIII.41。
[2] 也可能指与自己同龄。

我难道该被绑着，穿过大海的浪涛？
我难道该被绑着，一天接一天无间断地悬吊？
但我的确不应当承受更轻的惩罚，
无知的我，将心爱的家国，
献给了敌人，献给了暴君！
我相信，罪恶的Minos啊，
若是有什么不幸，
泄露了我们之前的契约——
那么他们的城市已经被袭掠，
他们的神庙已经陷入火海（噢，我真是残忍)！
因之前你的胜利，
我更担心的是星星改变了它们的轨迹，
而不是你如何对待我这个囚徒的问题！
罪恶已经征服了一切！
为爱绝望的我，是不是爱你胜过我的祖国？
难道不是吗？无需惊奇：
我这个带着虚伪面具的女孩，
我如何看着你，我如何心荡神移，
如何这厄运的爱意，深深地植入我的心里！
但我不会相信在你的身体里会诞生如此的厄运，
你的美貌可以迷惑星辰！
王族的奢侈财富，不能将我动摇，
无论是易脆的珊瑚还是滴泪的琥珀，
花季的仙女们，有跟我同样美貌的身体，
也不能让我惊叹，
悬在头顶的神怒，更加没法将我阻拦！

omnia vicit amor: quid enim non vinceret ille?
non mihi iam pingui sudabunt tempora myrrha,
pronuba nec castos accendet pinus odores,
440   non Libys Assyrio[1] sternetur lectulus ostro —
parva queror: ne me illa quidem communis alumna
omnibus iniecta Tellus tumulabit harena.
mene inter matres ancillarique maritas,
mene alias inter famularum munere fungi,
445   coniugis atque tuae, quaecumque erit illa, beatae
non licuit gravidos penso devolvere fusos?
at belli saltem captivam lege necasses.
iam fessae tandem fugiunt de corpore vires,
et caput inflexa lentum cervice recumbit;
450   marmorea adductis livescunt bracchia nodis.
aequoreae pristes, immania corpora ponti,
undique conveniunt et glauco in gurgite circum
verbere caudarum atque oris minitantur hiatu.
iam tandem casus hominum, iam respice, Minos.
455   sit satis hoc, tantum solam vidisse malorum,
vel fato fuerit nobis haec debita pestis,
vel casu incerto, merita vel denique culpa:
omnia nam potius quam te fecisse putabo.'

---

[1] Assyria是东方的一个古国，这里也是指代出产Tyre紫的国度。

爱征服一切：它有什么不能征服？
我的额头再也不会涂抹香浓的没药，
婚礼的火炬也不会点燃圣洁的香料，
没有铺着Assyria的紫色，Libya的小床——
我只是抱怨一些小事：
连滋养万物的大地之爱，
都不会用沙子将我掩埋！
我难道不能跟你的妻妾嬷嬷一起服侍你，
我难道不能跟其他女奴隶一样尽心工作？
或是为你幸运的妻子，无论她是谁，
为她抽动丝线，操弄沉重的纺锤？
至少按照惯例，你应该已经把我这个战俘处死！
而今疲惫的力量已经最终离开我的躯体，
柔软的脖子上低垂着我的头颅，
而我大理石般亮白的手臂，被绳结捆得满是淤青！
水里的怪兽，海里巨型的妖祸，
从四面八方聚集，聚集在这深蓝的漩涡，
用舞动的尾巴和血盆大口，恐吓于我！
现在你看着，Minos，看着这人类的不幸！
让我这孤独之人承受如此的厄运，但愿这已足够！
无论是被命运捉弄，让我受尽苦头，
还是因不定的机缘，或终究是我自作自受：
我宁愿相信所有这些，也不觉得你是我苦难的缘由！"

labitur interea resoluta ab litore classis,

460   magna repentino sinuantur lintea Coro[1],

flectitur in viridi remus sale: languida fessae

virginis in cursu moritur querimonia longo.

deserit angustis inclusum faucibus Isthmon[2],

Cypselidae[3] et magni florentia regna Corinthum[4];

465   praeterit abruptas Scironis[5] protinus arces

infestumque suis dirae testudinis exit

spelaeum multoque cruentas hospite cautes.

iamque adeo tutum longe Piraeea[6] cernit,

et notas — eheu frustra! — respectat Athenas;

470   iam procul e fluctu Salaminia[7] respicit arva

florentisque videt iam Cycladas[8]; hinc sinus illi

Sunius[9], hinc statio contra patet Hermionaea[10].

linquitur ante alias longe gratissima Delos[11]

Nereidum[12] matri et Neptuno Aegaeo;

---

[1]Corus或作Caurus，西北风之神。

[2]这里Isthmus特指Corinthus的地峡。

[3]Cypselus是Corinthus的僭主，这里Cypselides指他的儿子Periander，但他俩比Nisus的时代晚了至少六百年。

[4]Corinthus，在Peloponnese半岛的东北角，出产铜器。

[5]Sciron是Megaris海边山岩上有名的大盗，相传他把受害者都喂给了海龟。

[6]Piraeus是Athens的港口。

[7]Salamis是Athens西边海上的一个岛，如果Scylla看到Piraeus的时候应该已经驶过Salamis岛。参见212页地图。

[8]Cyclades是Athens东边外海的群岛。

[9]Sunium城是Attica的最南端，在Scylla航线的左手边。

[10]Hermione城在Peloponnese半岛东岸，在Scylla航线的右手边。

[11]Delos岛在Cyclades群岛中间。

[12]Nereis是海神Nereus与Doris之女的统称。

与此同时，这船远离了岸边，在海中前行，

巨大的船帆在骤起的西北风下鼓起，

船桨在碧绿的大海上起伏不停：

而这声嘶力竭的少女，

她微弱的哭诉在漫长的旅途中渐渐安静。

她离开了狭窄咽喉地所包围的Isthmus，

也离开了Cypselus伟大的子嗣治下，繁荣的Corinthus；

她直接穿过Sciron险要的堡垒，

驶离祸害她的国民，洞穴中恐怖的海龟，

那悬崖上，满是旅行者的血水！

然后她远远就能看到Priaeus港，

想远眺（啊，看不见的！）那熟知的Athens；

远在浪涛间，她回望Salamis的农田，

眼前就能把繁荣的Cyclades群岛看见，

Sunium的海湾在她的左边，

而另一头，则是Hermione这个站点。

她将Delos远离[1]，远超其他岛屿，

那是海神Doris最钟情之地，

也最让Aegean海的Neptune欢喜。

---

[1]可能指没有经过远处的Delos。但也有传说认为，Delos原本是一座浮岛，而Zeus为了Leto顺利生产，才将其固定到现在的地点。也许这里的Delos还在海上漂流，正好被Scylla碰上，那么Artemis与Apollo也就还没有出生。

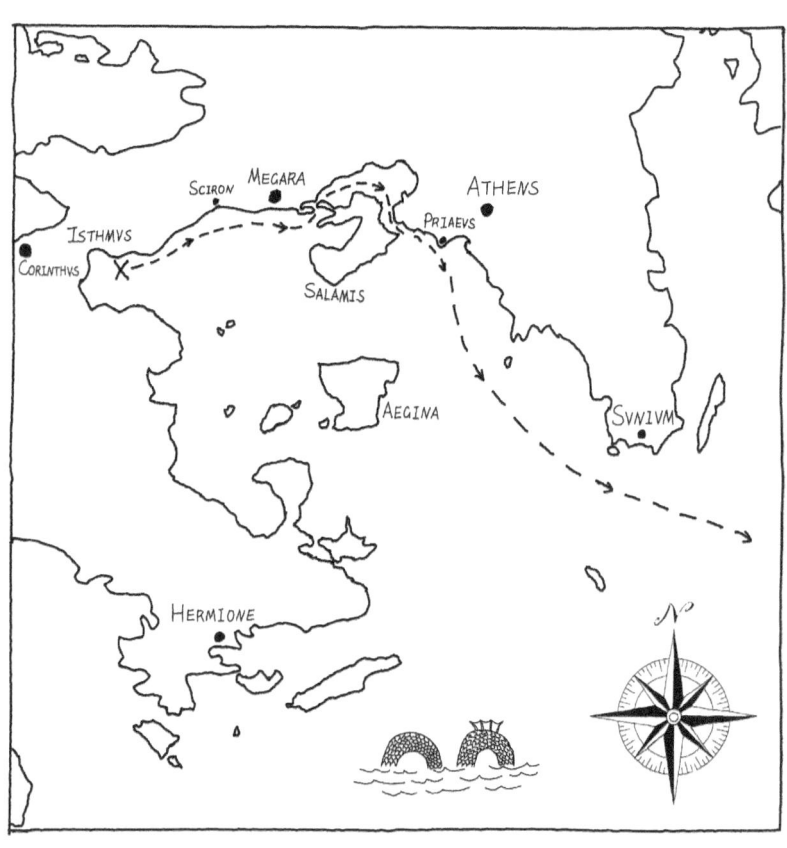

ATHENS AND MEGARA

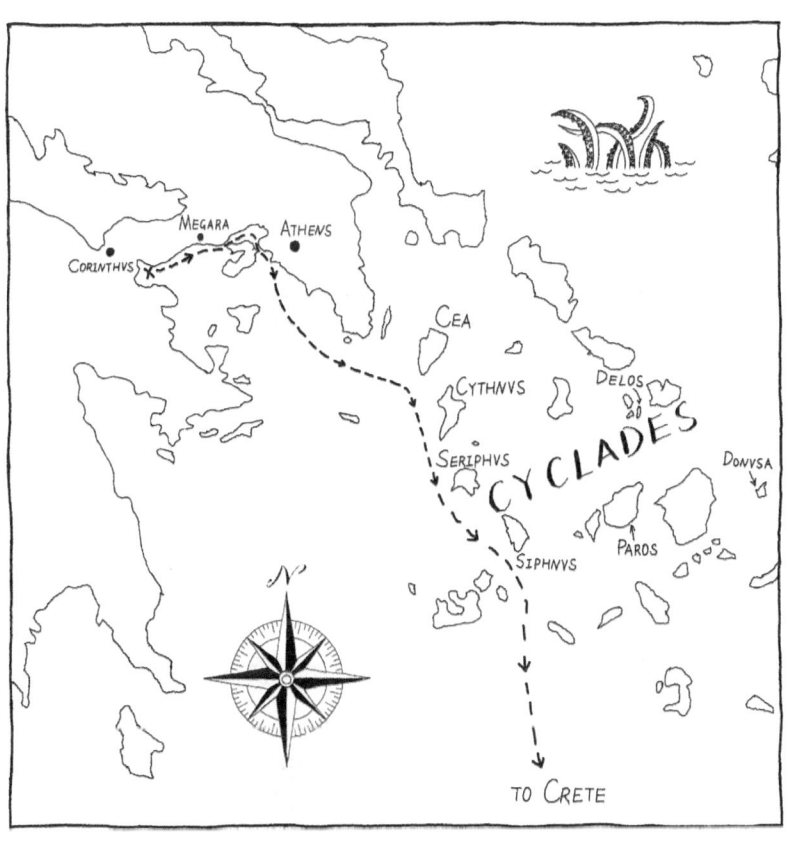

CYCLADES

475   prospicit incinctam spumanti litore Cythnum[1],

marmoreamque Paron[2] viridemque adlapsa Donysam[3]

et Ceam[4] Siphnonque[5] salutiferamque Seriphum[6].

fertur et incertis iactatur ad obvia ventis

cumba velut magnas sequitur cum parvula classis,

480   Afer et hiberno bacchatur in aequore turbo,

donec tale decus formae vexarier undis

non tulit ac miseros mutavit virginis artus

caeruleo pollens coniunx Neptunia regno.

sed tamen aeternum squamis vestire puellam

485   infidosque inter teneram committere pisces

non statuit — nimium est avidum pecus Amphitrites! —

aeriis potius sublimem sustulit alis,

esset ut in terris facti de nomine ciris,

ciris Amyclaeo formosior ansere Ledae[7].

490   hic, velut in niveo tenerae cum primitus ovo

effigies animantur et internodia membris

imperfecta novo fluitant concreta calore,

sic liquido Scyllae circumfusum aequore corpus:

semiferi incertis etiam nunc partibus artus

495   undique mutabant atque undique mutabantur.

---

[1]Cythnus是Cyclades群岛之一，位于西边。

[2]Paros在Cyclades群岛中部，出产大理石。

[3]Donusa在群岛最东边。这句里的两个岛离Scylla应该都还很远。

[4]Cea岛在Cythnus岛北面不远。

[5]Siphnus岛在Cythnus岛南边。这里按传世文本是Aegina岛，不在这些群岛里，而且Scylla早已经驶过，所以现代学者按照附近的岛屿补写了全句。

[6]Seriphus岛在Cythnus岛与Siphnus岛之间。

[7]Leda是著名的双子座兄弟与Helen的母亲。相传Zeus变成一只天鹅与她交欢。这里的灰雁anser有可能是指代天鹅，存疑。

她期望着Cythnus，被满是泡沫的海岸所包围，

朝那个方向，还有出产大理石的Paros和绿色的Donusa，

接下来是Cea，有益健康的Seriphus，还有Siphnus。

她就这样被不定的风拉扯着，撕裂着，直面万物的冲击，

正如当一条小船紧随着很多大船，

而那来自非洲的狂风，在冬日的波涛间肆意横行——

直到统治天蓝的海水，Neptune的妻子，

她不能再忍受如此美貌的姑娘，

在波涛间上下摆动，起伏摇晃，

于是变幻了少女她可怜的臂膀。

然而她决定不用鳞片覆盖这永恒[1]的女孩，

把娇嫩的她丢给危险的鱼群，

（海后Amphitrite[2]的兽群可是太过贪婪！）

她赐给Scylla能飞上高空的翅膀，

这样她能以ciris之名在大地上翱翔，

这ciris比Leta的Amyclae[3] 灰雁还要漂亮！

这过程，就像是雪白的蛋里面，

精细的构造第一次获得生命，

新生的翅膀上，尚未长成的关节颤抖不停，

然后在热力下，逐渐聚拢合并；

同样，Scylla的身体也被海水所包围：

她羽化的手臂还有未成形的部分，

全方面地变幻着，也全方面地被变幻。

---

[1]永恒可能指变身之后的永生，或者是指她成为一个新的种族。

[2]*Amphitrite*是*Poseidon*的妻子。

[3]Amyclae在Laconia，是Tyndareus与妻子Leda的居所。

oris honos primum et multis optata labella
et patulae frontis species concrescere in unum
coepere et gracili mentum producere rostro;
tum, qua se medium capitis discrimen agebat,
500 ecce repente, velut patrios imitatus honores,
puniceam concussit apex in vertice cristam;
at mollis varios intexens pluma colores
marmoreum volucri vestivit tegmine corpus,
lentaque perpetuas fuderunt bracchia pennas;
505 inde alias partes minioque infecta rubenti
crura nova macies obduxit squalida pelli
et pedibus teneris unguis affixit acutos.
et tamen hoc demum miserae succurrere pacto
vix fuerat placida Neptuni coniuge dignum.
510 numquam illam post haec oculi videre suorum
purpureas flavo renitentem vertice vittas,
non thalamus Syrio fragrans accepit amomo[1],
nullae illam sedes: quid enim cum sedibus illi?
quae simul ut sese cano de gurgite velox
515 cum sonitu ad caelum stridentibus extulit alis
et multum late dispersit in aethera rorem,
infelix virgo nequiquam a morte recepta
incultum solis in rupibus exigit aevum[2],
rupibus et scopulis et litoribus desertis.

---

[1]amomum是一种芳香植物，可以制作香膏；可能是Cissus vitiginea蔓白粉藤。

[2]aevum指永恒的时间，指代全部的人生。

首先，她荣光的面庞，还有万人追捧的嘴唇，
与宽大的额头，开始融聚成一团，
她的脸颊收拢突出，变成尖尖的鸟喙；
然后，看呐！突然她的头从中间开始分开，
就像是对她父亲的礼赞[1]，
头顶上摇摆着鲜红的头冠；
而多彩交替的柔软羽毛，
盖住了她大理石般洁白的身躯，
让她可以自由翱翔在天域，
柔嫩的四肢也长满了飞羽；
而后，红色浸染的双腿和其他的身体部分，
用新生的皮肤，盖上了丑陋的纤细，
在娇嫩的双足，连上了尖锐的鸟爪。

然而最终被Neptune美丽的妻子所拯救，
这可怜的女孩也很难说得上圆满[2]。
从那之后，她的国民再也没有看见那女孩，
金黄的头发上闪亮着紫色的发带，
她也没有Syria的白粉藤熏香的婚房，
甚至没有住处：对她而言，家有什么意义？
她迅捷地从亮白的波涛中飞起，
携着大量海水，振翅向着高空出击；
这个逃离死亡的不幸女孩，远离文明的温暖，
只能徒然在孤独的山岩上把她的一生走完，
只有山岩，只有悬崖，只有荒芜的海岸。

---

[1] 原文是"模仿父亲的荣耀"。
[2] 这里原文意思是，海后Amphitrite出面救下Scylla这件事情很难说得上值得。

520   nec tamen hoc ipsum poena sine: namque deum rex,
       omnia qui imperio terrarum milia versat,
       commotus talem ad superos volitare puellam,
       cum pater exstinctus caeca sub nocte lateret,
       illi pro pietate sua — nam saepe rubentis
525   sanguine taurorum supplex resperserat aras,
       saepe deum largo decorarat munere sedes —
       reddidit optatam mutato corpore vitam
       fecitque in terris haliaeetos ales ut esset:
       quippe aquilis semper gaudet deus ille coruscus.
530   huic vero miserae, quoniam damnata deorum
       iudicio fatique[1] et coniugis ante fuisset,
       infesti apposuit odium crudele parentis.
       namque ut in aetherio signorum munere praestans,
       unum quem duplici stellarunt sidere divi,
535   Scorpios alternis clarum fugat Oriona[2],
       sic inter sese tristis haliaeetos iras
       et ciris memori servant ad saecula fato.
       quacumque illa levem fugiens secat aethera pennis,
       ecce inimicus atrox magno stridore per auras
540   insequitur Nisus; qua se fert Nisus ad auras,
       illa levem fugiens raptim secat aethera pennis[3].

---

[1]原文本是natique，也可能这里指的是小爱神Cupido，即Juppiter的儿子，和Juno，即Juppiter的妻子。

[2]神话中Orion因被蝎子蛰而毒死。

[3]最后这四句跟《农事诗》I.406-409一模一样，这样其实就解释了在《农事诗》里看似突兀的关于天气的描述。

甚至这样的生活也不是没有苦难：

那统治万邦的万神之王，

他不满这样的女孩可以朝着至高的天空飞翔，

而消亡的父亲却在黑夜的深邃中被渐渐遗忘，

考虑到他对神明的虔诚，

（谦卑的他常常用公牛的鲜血挥洒祭坛，

顺从的他时时用丰盛的礼物装饰神庙。）

赐给他变幻的身体，渴求的生命，

让他作为飞翔的海雕在大地上生活：

很正常，那闪电之神最喜欢雄鹰。

对这不幸的女孩，因她之前已经接受神明的谴责，

命运的审判和丈夫[1]的斥罚，

接下来要面对危险父亲的残酷怨恨！

就像在天空中闪耀的星座，

神明在星图上同一个星座放置了双重的亮光[2]，

天蝎追逐着闪耀的猎户，

猎户驱离着明亮的天蝎[3]；

便是如此，ciris与海雕记着互相的悲恨，

在这永恒的命运之中沉沦。

她无论怎样，用她的翅膀切开那稀薄的空气，

你看，凶残的Nisus，她的天敌，

他的鸣啸总是随风而至，紧追不息。

而趁Nisus御风而上的间隙，

她迅速逃离，用她的翅膀切开那稀薄的空气。

---

[1] 指Minos。

[2] 这句话很难读通，个人理解是说这两个星座都很亮，是普通星座的两倍亮度。

[3] 天蝎猎户两个星座在天球上差不多是对面，所以是相互追逐。

PRIAPEA[1]

I

i.1 Vere rosa, autumno pomis, aestate frequentor
     spicis: una mihi est horrida pestis hiemps;
nam frigus metuo et vereor ne ligneus ignem
     hic deus ignauis praebeat agricolis.

II

ii.1 ego haec, ego arte fabricata rustica,
ego arida, o viator, ecce populus,
agellulum hunc, sinistra et ante quem vides,
erique uillulam hortulumque pauperis
5   tuor, malaque furis arceo manu.
mihi corolla picta vere ponitur,
mihi rubens arista sole fervido,
mihi virente dulcis uva pampino,
mihi gelante oliva cocta frigore.

---

[1]Priapus是园艺之神，也是生殖和养蜂之神。关于其双亲的版本很多。最普遍认为他是酒神Bacchus之子。他手里拿着阉割用的小刀（防贼）。他的形象中一般都有硕大勃起的阳具。有部分版本这三首归入琐记篇（Catalepton）内。

园丁神

其一

春日到访的是盛开的蔷薇，
盛夏季节则有遍地的谷穗，
金秋满目都是果实的肥美：
而冬日于我是瘟疫的污秽！
都因寒冷会使我畏缩，
我怕我那木制的神座，
会给懒惰的农夫供火[1]！

其二

看我这儿，旅行者！
看我这乡野的模样，
看我这干枯的白杨！
就在你所见的左前方，
这片小小的出地，我来守望，
穷人的农舍花园，我来站岗，
而那盗贼的黑手，由我提防！
我身上挂着的，你看——
春天里有五彩的花环，
烈日下是金红的谷穗，
绿叶与甜美的葡萄串，
寒冬还有熟成的橄榄。

---

[1]指木制神像被当作柴火。Priapus地位低下，神像不被尊敬。

10 meis capella delicata pascuis
 in urbem adulta lacte portat ubera,
 meisque pinguis agnus ex ovilibus
 gravem domum remittit aere dexteram
 teneraque[1] matre mugiente vaccula
15 deum profundit ante templa sanguinem.
 proin, viator, hunc deum vereberis
 manumque sursum habebis: hoc tibi expedit;
 parata namque trux[2] stat ecce mentula[3].
 'velim pol[4]', inquis; at pol ecce vilicus
20 venit, valente cui revulsa bracchio
 fit ista mentula apta clava dexterae.

III

iii.1 hunc ego, o iuvenes, locum villulamque palustrem
 tectam vimine iunceo caricisque maniplis
 quercus arida rustica †formata arte† securi
 nutrior: magis et magis fit beata quotannis.

---

[1] 有版本作tenella。
[2] 有版本作crux。
[3] mentula即阳具。
[4] Pollux是双子座两兄弟中的一人，这里相当于是"我的神啊"之类的感叹词。

从我的农场，诱人的母山羊，
带着她充盈的乳房进城观光；
从我的羊圈，小羊羔的肥胖，
右手边又带回沉甸的铜钱香[1]；
诸神的庙宇，母牛呻吟在傍，
稚嫩的小牛，鲜血还在流淌[2]！
所以啊，旅行者，
你要敬畏这里的神明，把你的手举高！
好，你这样就好！
你看，早就准备好，粗大的玩意往上翘！
你说，"我的天啊，我想要！"
我的天啊，看，那管家来了！
他强壮的手臂，把那玩意割掉，
正好变成他抓在右手里的粗条[3]！

其三

啊，小伙子们，
我是干燥的神圣橡木，
我是斧凿的乡野艺术；
这土地，这沼泽边的农庄，
常年有灯心草和蓟草滋长，
这片土地，由我给养，
年复一年，愈发欢畅！

---

[1] 参见《牧歌集》I.36。
[2] Priapus也司职牲畜繁衍，参见《牧歌集》VII.26。
[3] 原文是clava，一种棍棒类的武器，也可能是狼头棒或者钉头锤。

5   huius nam domini colunt me deumque salutant

        pauperis tuguri, pater filiusque adulescens,

        alter assidua colens[1] diligentia, ut herbae,

        aspera ut rubus a meo sit remota sacello,

        alter parva manu ferens semper munera larga.

10   florido mihi ponitur picta vere corolla,

        primitus tenera virens spica mollis arista,

        luteae violae[2] mihi lacteumque papaver

        pallentesque cucurbitae[3] et suave olentia mala,

        uva pampinea rubens educata sub umbra.

15   sanguine haec etiam mihi — sed tacebitis — arma

        barbatus linit hirculus cornipesque capella.

        pro quis omnia honoribus nunc necesse Priapo est

        praestare et domini hortulum vineamque tueri.

        quare hinc, o pueri, malas abstinete rapinas:

20   vicinus prope dives est neglegensque Priapus.

        inde sumite; semita haec deinde vos feret ipsa.

---

[1] 一作cauens。
[2] viola指菫菜，比如Viola odorata香菫。
[3] cucurbita即葫芦。

皆因此处贫穷农舍的屋主，
年少的儿子，和他的老父，
他们关照我，敬我为神主。
其中一人，他全心全意，
为我的神坛拔除野草和荆棘；
另外一人，小小的手心，
经常给我献上大大的厚礼！
在百花齐放的春天，
我会被戴上五彩的花环，
当青色的谷穗抽芽，
还会有亮黄的香堇，乳白的罂粟，
香味甜美的苹果，淡黄的葫芦瓜，
逐渐变红的葡萄，在藤蔓的阴影里长大。
还有我这些武器——嘘！你们要屏住呼吸！
长须的小山羊和长蹄的母羊都血流满地！
收到了这些光荣的牺牲一族，
现在Priapus我也该全心付出，
将主人家的葡萄和花园精心守护。
所以呐，孩子们，你们停手吧[1]！
不远处，那位邻居相当富足，
他家的Priapus，却是不靠谱，
你们可以从他那里捞点好处，
而这条小径正好给你们带路。

---

[1]指这些"访客"其实是盗贼。

CATALEPTON[1]

I

_{i.1}
D e qua saepe tibi, venit; sed, Tucca, videre
      non licet: occulitur limine clausa viri.
de qua saepe tibi, non venit adhuc mihi; namque
      si occulitur: longe est, tangere quod nequeas.
5 venerit: audivi, sed iam mihi nuntius iste
      quid prodest? illi dicite, cui rediit.

II

_{ii.1}
Corinthiorum[2] amator iste verborum,
iste, iste rhetor, namque quatenus totus
Thucydides[3], tyrannus Atticae[4] febris,
tau Gallicum[5], *min* et *sphin*[6] ut male illi sit!
5 ista omnia, ista verba miscuit fratri.

III[7]

_{iii.1}
aspice, quem valido subnixum gloria regno
      altius et caeli sedibus extulerat!

---

[1]这是十几首小诗的合集，但是大多数的背景故事已经被历史所掩埋。

[2]Corinthus，希腊中部的一个著名城邦，以铜器闻名。Corinthus古城在一百多年前被罗马军队夷平，后来在Vergil的时代由罗马人重建，成为Achaia行省的首府，统治希腊诸邦。参见《农事诗》II.464。这里很可能指代希腊。

[3]Thucydides是古希腊著名历史学家，著有《Peloponnese战争史》。

[4]Attica是希腊Athens城周边的区域。

[5]Gallus，这里可能指地母神Cybele的祭司（及其相关的咒语），或是同名之人，存疑。

[6]这里似乎是希腊语 τ，$\mu\iota\nu$ 和 $\sigma\phi\iota\nu$。可能是某种文字游戏，存疑。

[7]这篇按文字似乎指Gnaeus Pompeius Magnus，存疑。

琐记

其一

Tucca，关于我常跟你提到的她，
她来了，但我们还不能相见——
她被藏到了夫君的大门后边。
关于我常跟你提到的她，
她还没来跟我相见——
若是她被藏起，那可是太过遥远！
就算她已经来到——
于我又能有多少期许？
她是为谁而来，那就跟谁说去！

其二

那个修辞家，他钟情于Corinthus的辞藻，
他完全附和Thucydides的语调，
他引领Attica的热潮，
他故意把Gallus的*tau*，*min*和*sphin*混淆，
全部这些话语，让他的兄弟神魂颠倒！

其三

你看！
他倚靠在强权的王座，
荣光高于神域的天国！

terrarum hic bello magnum concusserat orbem,
    hic reges Asiae fregerat, hic populos;
5 hic grave servitium tibi iam, tibi, Roma, ferebat,
    cetera namque viri cuspide conciderant,
cum subito in medio rerum certamine praeceps
    corruit et patria pulsus in exilium.
tale deae numen, tali mortalia nutu
10   fallax momento temporis hora dedit.

IV

iv.1 quocumque ire ferunt variae nos tempora vitae,
    tangere quas terras quosque videre homines,
dispeream, si te fuerit mihi carior alter;
    alter enim qui te dulcior esse potest?
5 cui iuveni ante alios divi divumque sorores
    cuncta, neque indigno, Musa[1], dedere bona,
cuncta quibus gaudet Phoebi chorus[2] ipseque Phoebus[3];
    doctior o quis te, Musa, fuisse potest?

---

[1]Muse，司掌音乐与诗歌的女神。一说是作者的朋友Musa。
[2]参见《牧歌集》VI.66。
[3]Phoebus是Apollo的别名，意为光明之神。

他让辽阔的大地在战火中颤抖，
他粉碎了Asia的平民与王侯！
他现在要把沉重的奴役带给你，罗马！
因为别的国度都已倒在他的尖矛之下！
而正当他陷于斗争的漩涡，
突然急转直下，被迫流亡出国！
这真是女神的旨意；
背信的时刻在转瞬之间，
就能让凡人向神意屈服！

其四

无论多样人生裹挟我去何处，
无论时光之轮引领我去何方，
无论我眼见哪样的人民，
无论我触碰哪样的土壤，
若有别人比你还垂怜于我，
那就让我天打雷劈[1]——
别人怎可能比你更加甜蜜？
诸神与诸神的姐妹，
他们可没有违规，
赐予年轻的Muse你远超他人的恩惠；
Apollo自己和他的乐队，
也对此笑不拢嘴！
噢，Muse啊，比你更加知性的还会有谁？

---

[1] 原文意思是"我就该腐烂掉"或者"我就该死掉"，相当于是用来强调的习惯用语。

o quis te in terris loquitur iucundior uno?

10 Clio[1] tam certe candida non loquitur.

quare illud satis est, si te permittis amari;

nam contra ut sit amor mutuus, unde mihi?

V

iv.1 ite hinc, inanes, ite, rhetorum ampullae[2],

inflata rhoezo non Achaico[3] verba,

et vos, Selique Tarquitique Varroque,

scholasticorum natio madens pingui,

5 ite hinc, inane cymbalon iuventutis.

tuque, o mearum cura, Sexte, curarum,

vale, Sabine; iam valete, formosi!

nos ad beatos vela mittimus portus

magni petentes docta dicta Sironis

10 vitamque ab omni vindicabimus cura.

ite hinc, Camenae[4], vos quoque ite iam sanc,

dulces Camenae, nam fatebimur verum,

dulces fuistis, et tamen meas chartas

revisitote, sed pudenter et raro.

---

[1]Clio也是Muse之一，司掌历史。而前面的Muse可能是另外一位，比如司牧歌的Thalia或是司史诗Calliope。

[2]ampulla原意是双耳瓶，引申为夸夸其谈的大话。

[3]Achaia原是希腊的地区名，在Peloponnese半岛北部，后为罗马帝国在希腊的行省名。

[4]Camenae本是罗马神话中掌管生育与泉水的四位女神，而其中只有Carmenta有音乐诗歌属性。这里指代Muse女神。

噢，这世间又有谁的言语比你更加甜美动人？
就连那光辉的Clio都肯定比你不过[1]！
所以只要你允许我爱你[2]，这便足够，
如若不然，这爱该如何返回给我？

其五[3]

离开此处吧，修辞家的空瓶子，离开吧，
你们满是那非希腊语的浮夸！
还有你们，Selius，Tarquitius和Varro，
学院派的出身，油腻到渣，
离开此处吧，年轻人空洞的铜钹！
还有你，Sextus，我眷恋之眷恋；
Sabinus，再见；
现在都要别了，美少年！
目标是伟大Siro的教谕，
我们向着那美丽的港湾，扬帆起航，
我们将把生命从所有的烦恼中解放！
离开此处吧，Muse女神！
甜美的Muse女神！连你们也离开吧！
我要坦白这事实——你们一直如此甜美！
你们以后得回来把我的书页翻看，
但是偶尔就好，不要太过频繁。

---

[1]原文是"Clio没有说（得如此甜美动人）"。
[2]原文是"允许自己被爱"。
[3]Vergil早年曾学习修辞术，这段似乎是内心表白，要摈弃修辞术和诗艺，跟Siro去学习哲学，但是到最后，还是忘不了挚爱，让Muse以后来见见他。

VI

vi.1　socer, beate nec tibi nec alteri,
　　　　generque Noctuine, putidum caput,
　　　　tuoque nunc puella talis et tuo
　　　　stupore pressa rus abibit? ei mihi,
5　　　ut ille versus usquequaque pertinet:
　　　　'gener socerque, perdidistis omnia'[1].

VII

vii.1　si licet, hoc sine fraude, Vari dulcissime, dicam:
　　　　　　'dispeream, nisi me perdidit iste Πόθος[2].'
　　　　sin autem praecepta vetant me dicere, sane
　　　　　　non dicam, sed: 'me perdidit iste puer.'

VIII

viii.1　villula, quae Sironis eras, et pauper agelle,
　　　　　verum illi domino tu quoque divitiae,

---

[1]这句当时可能被用来揶揄Julius Caesar和Gnaeus Pompeius Magnus这对翁婿。

[2]Πόθος即Pothos，是希腊神话中爱欲之神。这样希腊语与拉丁语混搭的句子似乎在当时不被接受。

其六

噢，岳父！你也不幸福，另一个也不幸福！

噢，女婿，Noctuinus！你腐臭的头颅！

现今如此优秀的少女[1]，

就因你这蠢驴，被迫到乡下去？

啊，我真想唏嘘，

正如那四海皆准的警句，

"岳父啊，女婿！你们成事不足，败事有余[2]！"

其七

噢，最甜美的Varus啊，

如果可以的话，我要毫无欺瞒地说：

"若那色欲的$\Pi \acute{o}\theta o\varsigma$没有让我狂喜[3]，

就让我天打雷劈[4]！"

不过语法不允许，我只好咽回去，

但是，"那男孩让我狂喜！"

其八

你，Siro曾拥有的草屋，

你，贫瘠的田土，

但对那主人而言，你也是财富！

---

[1] 大概是岳父的女儿，女婿的妻子。

[2] 原文是"把一切都弄糟"或者"什么事情都做不好"。

[3] 原文是"让我毁灭"，带有强烈色欲的含义。最后一行也是同样。

[4] 见本篇iv.3 注。

me tibi et hos una mecum, quos semper amavi,
　　　si quid de patria tristius audiero,
5　commendo, in primisque patrem. tu nunc eris illi
　　　Mantua[1] quod fuerat quodque Cremona prius.

IX

ix.1　pauca mihi, niveo sed non incognita Phoebo[2],
　　　pauca mihi, doctae, dicite, Pegasides[3].
victor adest, magni magnum decus ecce triumphi,
　　　victor, qua terrae quaque patent maria,
5　horrida barbaricae portans insignia pugnae,
　　　magnus ut Oenides[4] utque superbus Eryx[5],
nec minus idcirco vestros expromere cantus
　　　maximus et sanctos dignus inire choros.
hoc itaque insuetis iactor magis, optime, curis,
10　　quid de te possim scribere, quidve tibi;
namque, fatebor enim, quae maxima deterrendi
　　　debuit, hortandi maxima causa fuit.

---

[1]Mantua是传说中Vergil的家乡。Cremona是附近的城市，作者青年时代曾在此学习。参见《牧歌集》IX.27-8。

[2]Phoebus即Apollo。

[3]Pegasus是希腊神话中的天马，传说中是Poseidon强奸了Medusa所生。他是Muse的朋友（表兄弟）。这里Pegasides指代Muse。

[4]Oeneus是古希腊Calydon的国王，相传首先是他从Bacchus处学到了种植葡萄与酿酒之术。Oeneus后代中有著名的英雄Meleager。

[5]Eryx是传说中Sicilia的国王，Aeneas的兄弟。

若是从家乡传来更加悲伤的消息，
那我只能相信你!
还有我永远最爱之人，
首先是我的父亲，都跟我一起!
现在你对于他而言，
正如以往Mantua和Cremona的农田!

其九

博学的Muse们，你们跟我说些小秘密，
连那皓白的Apollo都不知道的小秘密!
看! 征服者来了，
看! 宏大的凯旋，宏大的装饰!
征服者，他在大地和大海所及之处，
手持与野蛮人交战的粗糙信物[1]，
如同那伟大的Oeneus的后裔和那光荣的Eryx!
但他的成就毫不卑微，
足以写入你[2]的诗歌，进入你神圣的乐队!
啊，最伟大的凡人，
我被困于这未知的烦恼——
我能描述何种关于你的词语，
我能写出哪样献给你的诗句?
啊，我必须要承认，
这个时时阻碍我的最大借口，
一直就是敦促我的最大理由!

---

[1] 大概指缴获的战利品。
[2] 指Muse。

pauca tua in nostras venerunt carmina chartas,

　　carmina cum lingua, tum sale Cecropio[1],

15　　carmina, quae Phrygium[2], saeclis accepta futuris,

　　carmina, quae Pylium[3] vincere digna senem.

molliter hic viridi patulae sub tegmine quercus

　　Moeris pastores et Meliboeus[4] erant

dulcia iactantes alterno carmina versu,

20　　qualia Trinacriae[5] doctus amat iuvenis.

certatim ornabant omnes heroida divi,

　　certatim divae munere quoque suo.

felicem ante alias o te scriptore puellam,

　　altera non fama dixerit esse prior:

25　　non illa, Hesperidum[6] ni munere capta fuisset,

　　quae volucrem cursu vicerat Hippomenen;

candida cycneo non edita Tyndaris[7] ovo,

　　non supero fulgens Cassiopea[8] polo;

---

[1]Cecrops是Athens传说中初代的国王，这里指代希腊式的言词。

[2]Phrygia是一个古国，在今Turkey中部。这里很可能指代Troy及其后裔（罗马人）。

[3]Pylos位于希腊Peloponnese半岛南端，这里Pylius应该是指代Pylos的国王Nestor，其形象是一位长寿的智者。

[4]Moeris和Meliboeus是《牧歌集》中出场的两位牧人。

[5]Trinacria是希腊语对Sicilia岛的旧称。有学问的年轻人指Theocritus，田园牧歌的先驱。

[6]*Hesperus*即昏星，与*Phosphorus*晨星相对，是神话中代表金星的双子兄弟。罗马人称其为Vesper与Lucifer。后来他们被Venus代替。Hesperides指的是黄昏之妖精，是一类nymph女神。一说是夜之女神Nyx的女儿，一说是*Hesperus*的女儿或者孙女。她们守护着极西之处天后*Hera*的金苹果果园。

[7]Tyndareus是古希腊Sparta的国王，著名的美女Helen的养父。传说中Helen的母亲Leda被变成天鹅的*Zeus*勾引，生下了两个天鹅蛋，孵出了Helen及她的兄弟姐妹几人。这里Tyndaris指的应该就是Helen。

[8]Cassiope是著名美女Andromeda（仙女座）的母亲。这里Cassiopea指的就是Andromeda。

你那几首诗歌，

已经来到我的书页，

这诗有希腊式的语调，

更有那希腊式的智慧!

这诗，未来的Phrygia人都会接受，

这诗，长寿的Nestor也为之俯首[1]!

牧人Moeris和Meliboeus，

他们在橡树的绿荫下闲躺，

轮流把这甜美的歌声传唱，

三角岛那学问渊博的年轻人喜欢这歌声飞扬!

所有的天神都抢着赠予女英雄首饰礼物，

而女神们也都抢着给她送上自己的祝福!

啊，被传诵的是哪个幸运无比的女孩!

以往可没有其他人受到如此的青睐[2]!

不是她，她若不是被Hesperides的礼物[3]俘获，

怎会在赛跑中被健步如飞的Hippomenes[4]超过?

既不是那生于天鹅蛋，

Tyndareus之女，亮白的Helena!

也不是那在极高天极，

Cassiope之女，闪耀的Andromeda!

---

[1]原文是"胜过Nestor"。

[2]原文是"有如此的名声"。

[3]指金苹果，见前页注。

[4]这是希腊神话中捡金苹果的女孩Atalanta的故事。她与求婚者比赛跑步，如果胜了就可以娶她，输了就要被杀。最后Hippomenes借*Aphrodite*的金苹果，在赛跑中丢出，最后娶到了留恋金苹果的Atalanta。

non defensa diu †multum† certamine equorum,

30   optabant gravidae quam sibi quaeque manus,

saepe animam generi pro qua pater impius hausit,

    saepe rubro pro qua sanguine fluxit humus;

regia non Semele[1], non Inachis Acrisione[2]

    immitti expertae fulmine et imbre Iovem[3];

35   non cuius ob raptum pulsi liquere Penates[4]

    Tarquinii[5] patrios, filius atque pater,

illo quo primum dominatus Roma superbos

    mutavit placidis tempore consulibus.

multa neque immeritis donavit praemia alumnis,

40   praemia Messallis[6] maxima Publicolis:

nam quid ego immensi memorem studia ista laboris,

    horrida quid durae tempora militiae?

castra foro, te castra urbi praeponere, castra

    tam procul hoc †gnato†, tam procul hac patria?

---

[1] Semele是酒神Bacchus的母亲。

[2] Inachus是希腊的古国Argo的初代国王。Acrisius是其八世孙，后来也成为Argos的国王。这里Inachis指的是Acrisius之女Danae，希腊著名的半神英雄Perseus的母亲。

[3] 神王Juppiter，即希腊神话*Zeus*。

[4] Penates是罗马的家神。

[5] Sextus Tarquinius，罗马末代国王的儿子。

[6] Messalla和Publicola是当时罗马两个显赫的家族，这篇颂文应该是写给同属两个家族内的某人。

更不是她[1]，她整日被马车比赛所保护，

为了她，追求者带着沉甸的礼盒[2]，

为了她，恶父将女婿的生命收割，

为了她，地表血流成河！

不是Seleme公主，

也不是Danae，Acrisius的掌上明珠[3] ——

雷电交加，暴雨如注，

她们承受天神的雨露！

不是她[4]——对她的暴行，

让Tarquinius，父亲与儿子，离开祖国的家神，

而那时的罗马，

也从专制的王权转变成了和平的执政！

她[5]给了她的子嗣诸多应得之赏，

而给了Messalla Publicola最高的荣光！

我为何要追忆如此无尽的苦劳？

我为何要谱写军旅的残酷岁月？

你为何偏爱军营而不是城市或者广场，

那军营可是远离儿女，远离家园？

---

[1] 按下文指的是Pelops的妻子Hippodamia。她的父亲Oenomaus得知神谕，会死在女婿手中，所以他跟女儿的追求者比赛马车，追求者赢了才能娶Hippodamia，输了就会被杀。最后Pelops获得*Poseidon*的帮助，娶了Hippodamia为妻。参见《农事诗》III.7。

[2] 原文是"沉甸的双手"。

[3] Acrisius得知神谕，会被女儿的儿子所杀。而Danae是唯一的子女（也有传说她有个妹妹），但当时Danae尚未生育，所以Acrisius把她关在城堡里，不见外人。后来*Zeus*化为金雨，与Danae交合，生下了Perseus。

[4] 按下文指的是Lucretia，古罗马的贵妇。她被Sextus Tarquinius强奸一案直接导致了王政解体，共和国诞生。

[5] 指罗马。

45 immoderata pati iam frigora iamque calores?

    sternere vel dura posse super silice?

  saepe trucem adverso perlabi sidere pontum?

    saepe mare audendo vincere, saepe hiemem?

  saepe etiam densos immittere corpus in hostes?

50   communem belli non meminisse deum?

  nunc celeres Afros[1], periurae milia gentis,

    aurea nunc rapidi flumina adire Tagi[2],

  nunc aliam ex alia bellando quaerere gentem,

    vincere et Oceani[3] finibus ulterius?

55 non nostrum est tantas, non, inquam, attingere laudes,

    quin ausim hoc etiam dicere: vix hominum est.

  ipsa haec, ipsa ferent rerum monumenta per orbem,

    ipsa sibi egregium facta decus parient.

  nos ea quae tecum finxerunt carmina divi,

60   Cynthius[4] et Musae, Bacchus et Aglaie[5],

  si laudi aspirare, humili si adire Cyrenas[6],

    si patrio Graios carmine adire sales

  possumus, optatis plus iam procedimus ipsis.

    hoc satis est: pingui nil mihi cum populo.

---

[1]Afer，即非洲。

[2]Tagus河位于Iberia半岛，以金色沙子闻名。

[3]*Oceanus*，初代海神，这里指代海洋。

[4]Cynthus山在*Apollo*出生的Delos岛，Cynthius即指代*Apollo*。

[5]Aglaie是希腊神话中的光辉女神，美惠三女神（Graces）之一。

[6]Cyrenae是非洲的一座小镇，是诗人Callimachus和哲人Aristippus的故乡。

你还得忍受无尽的寒冷，无边的热浪？

不时还要在乱石堆中平躺[1]？

常常要在厄运的星辰[2]下，在险峻的大海里摇晃？

常常要以勇气征服大海，征服冬霜？

常常将自己置身于敌军的人海茫茫？

你可曾记得那战争之神，一视同仁的模样？

现在你要去那遍地流寇，变幻莫测的非洲，

现在你要去Tagus河金色的激流，

现在你要面对一场又一场的战斗[3]，

你的征服超出那大海的尽头！

我说，仅仅去碰触这赞美之词，

这对我来说太难了，太难了，

我何不大胆地说，

这事几乎没有凡人能够完成！

你的这些功绩，

它们自己就把你的丰碑传遍宇内，

它们自己就会闪耀出超凡的光辉！

诸神与你一同完成的赞歌——

Apollo与Muse，Bacchus与Aglaie，

若我能呼吸着它的赞美，

若我能抵达Cyrenae的谦卑，

若我能用故乡的歌谣唱出希腊的智慧，

我已经远超我所期待的作为！

这些已经足够宏伟：我从不与蠢货同类！

---

[1] 原文是"伸展四肢"。

[2] 古代航海特别需要关注星象。

[3] 原文是"到一个接一个国家挑起战争"。

X

x.1
Sabinus ille, quem videtis, hospites,
ait fuisse mulio celerrimus,
neque ullius volantis impetum cisi[1]
nequisse praeterire, sive Mantuam
5   opus foret volare sive Brixiam[2].
et hoc negat Tryphonis aemuli domum
negare nobilem insulamve[3] Ceryli,
ubi iste, post Sabinus, ante Quinctio,
bidente dicit attodisse forcipe
10   comata colla, ne Cytorio[4] iugo
premente dura vulnus ederet iuba.
Cremona[5] frigida et lutosa Gallia[6],
tibi haec fuisse et esse cognitissima
ait Sabinus; ultima ex origine
15   tua stetisse dicit in voragine,
tua in palude deposisse sarcinas,
et inde tot per orbitosa milia[7]
iugum tulisse, laeva sive dextera
strigare mula sive utrumque coeperat.

---

[1] cisium是一种小型的双轮车。
[2] Brixia在Mantua西北不远，所以诗中的地点应该是附近的农村。
[3] insula这里指穷人住的街区，跟上行domum即富人的独栋别墅对文。
[4] Cytorus山在今Turkey，以黄杨木闻名，木质坚硬。
[5] Cremona城也在Mantua附近。
[6] Gallia，即Gaul高卢地区。
[7] 罗马一里（mille）为一千步（passus），大约现今1480米。

其十

外乡人啊，你们看那Sabinus，

别人说他可是最快的赶驴人，

无论是去Mantua还是去Brixia，

没有什么飞快双轮车的敏捷，是他无法超越!

他说，无论是住在豪宅，他的竞争对手Tryphon，

或是住在穷人街巷的Cerylus，

都无法否认这一点。

他之前叫Quincitio，后来叫Sabinus，

他说，用双牙的钳子[1]套住脖子和长发[2]，

在Cytorus黄杨轭的重压下，

至少那长发让它不至于受伤结疤。

寒冷的Cremona和泥泞的Gallus，

Sabinus说，你之前还是现在，

都最了解这一切：

他说，他从最早出生起，

就站上你的深渊，运货于你的沼泽，

历尽车轮滚滚，长途跋涉，

那左边或右边[3]的驴开始筋疲力竭。

---

[1] 用这个装置把驴头套在类似牛轭的木头上。

[2] 指鬃，但一般驴的鬃毛很短。

[3] 原文是"左边或者右边或者两边"。

20 neque ulla vota semitalibus deis
sibi esse facta praeter hoc novissimum:
paterna lora proximumque pectinem.
sed haec prius fuere; nunc eburnea
sedetque sede seque dedicat tibi,
25 gemelle Castor[1] et gemelle Castoris.

XI

xi.1 quis deus, Octavi[2], te nobis abstulit? an quae
dicunt, a, nimio pocula dura mero[3]?
'vobiscum, si est culpa, bibi; sua quemque sequuntur
fata; quid immeriti crimen habent cyathi?'
5 scripta quidem tua nos multum mirabimur, et te
raptum et Romanam flebimus historiam,
sed tu nullus eris. perversi, dicite, Manes[4],
hunc superesse patri quae fuit invidia?

---

[1]Castor和Pollux是神话中的双子兄弟（双子座），善驾马车。
[2]这首似乎是跟喝醉了的作者朋友Octavius的对话。
[3]merum是没有掺水的纯酒。
[4]Manes是人死后的灵魂。

他自己也从不在路边向神祈福，

除了这最新的礼物：

父亲给他的口嚼[1]和仅次于此的毛梳。

但这些都已经过去，

现在他坐在象牙椅，

向着你们献出自己——

双子的Castor，和Castor双子的兄弟。

其十一

是哪位神明，Octavius，把你从我们这儿带走？

正如俗话说，坚硬的酒杯，太多的酒？

"如果什么有罪，我只是跟你们喝了酒；

众人皆是跟着命运游走；

无辜的酒杯为何需要歉疚？"

你的著作，我们会一直惊叹，

你的离去[2]，我们会一直伤感，

罗马历史，我们一直把泪弹——

但是你酒醉正酣[3]！

告诉我，邪恶的灵魂，

他先其父而去[4]，是何种怨恨？

---

[1]即马嚼，但他拉的是驴车。

[2]这里把醉酒比喻成灵魂被带走（离世）。

[3]原文是"你已经不在（人世）了"，即不省人事。

[4]这里似乎把Octavius比作酒神之子，把酒被喝完比作酒神去世。所以这里只是嘲讽朋友酒没喝完，人已经倒下。

XII

xii.1   superbe Noctuine, putidum caput,
    datur tibi puella quam petis, datur;
    datur, superbe Noctuine, quam petis.
    sed, o superbe Noctuine, non vides
5   duas habere filias Atilium?
    duas, et hanc et alteram, tibi dari?
    adeste nunc, adeste: ducit, ut decet,
    superbus ecce Noctuinus hirneam.
    Thalassio[1], Thalassio, Thalassio.

XIII

xiii.1   iacere me, quod alta non possim, putas,
        ut ante vectari freta
    nec ferre durum frigus aut aestum pati
        neque arma victoris sequi?
5   valent, valent mihi ira et antiquus furor
        et lingua qua †assim† tibi,
    seu prostitutae turpe contubernium
        sororis – o, quid me incitas,
    quid, impudice et improbande Caesari? —

---

[1]Thalassio这个词原意不明，是婚礼时祝福新人的祝语。

其十二

骄傲的Noctuinus，你腐臭的头颅!
你追求的女孩，被交给你，被交给你!
被交给你，骄傲的Noctuinus，你追求的女孩!
但是，噢，骄傲的Noctuinus，
你不见那Atilius[1]有两个女儿?
两个女儿，这个和另外一个[2]，都被交给你!
来吧，来吧，看!
骄傲的Noctuinus，恰当[3]地领着酒壶!
Thalassio，Thalassio，Thalassio!

其十三

你是否以为，我不同以往，
不能在深海中破浪，
不能忍受酷暑，忍受冰霜，
不能追随胜利者的武装?
我的怒火，无法熄灭，
旧时的怨恨，无法停歇，
对你的言辞，异常猛烈!
无论是与那淫荡的姐妹厮混——
噢，你是拿什么激怒我?
是什么? 你这无耻之徒，引起Caesar的怒火——

---

[1] 大概是vi里的岳父。
[2] 另一个指的是酒壶。
[3] 他本来应该合乎礼仪地领着自己的新婚妻子。

10　　　　seu furta dicantur tua
　　　　　et helluato sera patrimonio
　　　　　　　in fratre parsimonia
　　　　　vel acta puero cum viris convivia
　　　　　　　udaeque per somnum nates
15　　　　et inscio repente clamatum insuper
　　　　　　　'Thalassio, Thalassio'.
　　　　　quid palluisti, femina? an ioci dolent?
　　　　　　　an facta cognoscis tua?
　　　　　non me vocabis, pulchra, per Cotytia
20　　　　　　ad feriatos[1] fascinos[2],
　　　　　nec deinde te movere lumbos in stola[3]
　　　　　　　prensis videbo altaribus
　　　　　flavumque propter Thybrim[4] olentis nauticum
　　　　　　　vocare, ubi adpulsae rates
25　　　　caeno retentae sordido stant in vadis
　　　　　　　macraque luctantes aqua,
　　　　　neque in culinam et uncta compitalia
　　　　　　　dapesque duces sordidas,
　　　　　quibus repletus et salivosis aquis
30　　　　　　obesam ad uxorem redis
　　　　　et aestuantes docte solvis pantices
　　　　　　　†culumque† lambis saviis.

---

[1]feriatus原意是享受假日而不工作，这里可能指已经精疲力尽的阳具，或者是参加节日的阳具。

[2]fascinum原指巫术，而为了防止巫术，小孩子会佩戴阳具标志的护身符。而后这个词fascinus又引申为阳具。

[3]stola是女性穿的长袍。

[4]Thybris，即Tibris河，流经罗马城。

无论是传言中你的阴谋，

还是把父亲的遗产挥霍，

所以最近就对兄弟刻薄！

或是作为男孩与那些男人狂欢，

睡梦中那被弄湿的屁股？

或是突然的喊声，

和被压在身下一无所知的你：

"Thalassio, Thalassio"？

你为何如此苍白，小妞[1]？

那些玩笑也让你泪流？

或是你知道了你的所作所为？

在这美好的Cotyto女神[2]狂欢节的中途，

你不要喊我去找那些"休假"的"护符"；

当你紧抓着祭坛，

我也看不见你长袍下抽动的身段[3]；

你被叫到满是木船臭味的Tiberis河边，

在那里，船只在肮脏的泥泞上搁浅，

停留在浅滩里，挣扎于微波之间；

你也不要带我去厨房或是路口的祭典，

满是脏兮兮的食物，黏糊糊的水，

然后你又回到那臃肿的妻子身旁，

熟练地解开她火热的腹部，

用舌头亲吻那片沃土。

---

[1] 在男男性行为中，接受的一方被类比为女性。

[2] Cotyto是Thrace地区信仰的女神，有以其名义举办的多人乱交的宗教仪式，即Cotytia。

[3] 原文是lumbus，即下身。

nunc laede, nunc lacesse, si quidquam vales.
　　et nomen adscribo tuum,
35　cinaede Lucci. iamne liquerunt opes,
　　fameque genuini crepant?
videbo habentem praeter ignavos nihil
　　fratres et iratum Iovem
scissumque ventrem et hirneosi patrui
40　pedes inedia turgidos.

XIIIa[1]

xiiia.1　callide mage sub hac celi est iniuria secli
　　antiquis, hospes, non minor ingeniis,
et quo Roma viro doctis certaret Athenis —
　　ferrea sed nulli vincere Fata datur.

XIV

xiv.1　si mihi susceptum fuerit decurrere munus,
　　o Paphon[2], o sedes quae colis Idalias[3],
Troius Aeneas[4] Romana per oppida digno
　　iam tandem ut tecum carmine vectus eat,
5　non ego ture modo aut picta tua templa tabella
　　ornabo et puris serta feram manibus;

---

[1]这几行被收录到xiii.16与xiii.17之间。
[2]Paphos城在Cyprus岛上，以Venus的神庙闻名。参见《农事诗》II.64。
[3]Idalium城也在Cyprus岛上，是Venus的圣地。
[4]Aeneas是Troia的王子，史诗*Aeneid*的主人公。他历经艰辛，来到Italia，成为罗马的始祖。

你若是还有点力气，
现在就生气，现在就来打我！
你的名字我也写下来了，荡妇Luccius！
现在你是不是有气无力？
牙根是不是都快咬裂了？
我将看着你一无所有，
只剩下懒惰的兄弟，
天神Juppiter的怒气，
你裂开的肚皮，
和挨饿的叔伯浮肿的脚气！

其十三补

阴谋隐藏在神族的不公之下，
陌生人啊，这可不比古代的幼稚[1]！
有了那个男人，罗马可以与博学的Athens抗衡，
但是，铁血的命运，无人可以征服。

其十四

如果我有幸完成那已经拿起的工作，
Paphos与Idalium的女神啊，
让Troia的Aeneas随你一道，
在与之匹配的诗句中走遍罗马的小镇，
那我不只会给你的神庙献上香料，
装饰上五彩的画作，
用洁净的双手献上花环，

---

[1] 第一句读不通，各版本差异很大。这里只是大概猜测的意思。

corniger hos aries humilis et maxima taurus

    victima sacratos sparget honore focos,

marmoreusque tibi aut mille coloribus ales

10   in morem picta stabit Amor pharetra.

adsis, o Cytherea[1]: tuus te Caesar Olympo

    et Surrentini[2] litoris ara vocat.

XV

xv.1   vate Syracosio[3] qui dulcior Hesiodoque[4]

    maior, Homereo[5] non minor ore fuit,

illius haec quoque sunt divini elementa poetae

    et rudis in vario carmine Calliope[6].

---

[1]Cythera是Aegean海上的一座岛，也是Venus的圣地。这里Cytherea即指Venus。

[2]Surrentium在Naples城南方的海岸边。

[3]Syracusae是Sicilia岛上的城市，牧歌的发源地。这里Syracosius指代这里出生的诗人Theocritus。

[4]Hesiod，古希腊诗人，他创作的《工作与时日》是Vergil《农事诗》的重要模板。

[5]Homer，即荷马，古希腊诗人，口传于世的有*Iliad*和*Odyssey*两部史诗，是Vergil的*Aeneid*主要模仿的对象。

[6]Calliope是Muse之首，司掌史诗。

还有这只长角的公羊，略显寒酸，

加上这头神圣的公牛，最高等级的祭品，

那鲜血溅上圣火坛，闪耀着荣光！

或是大理石制成的爱神[1]之像，

千彩的箭筒，张开的翅膀，

依照礼仪，为你献上！

Venus啊，来吧，

你的Caesar[2]从Olympus山巅，向你呼喊，

Surrentium海岸的祭坛，将你召唤！

其十五[3]

他比Theocritus更甜美，

他比Hesiod更宏伟，

他不比Homer的口传史诗卑微[4]！

而这些奠基作品[5]，

包括那Calliope，她各种诗歌涉猎未深，

她们都属于这神样的诗人！

---

[1]指小爱神Cupid，有一对翅膀。

[2]Caesar被认为是Venus之子Aeneas的后裔。

[3]这首很可能是辑录本篇的编者后记。

[4]这里总结了Vergil三部主要作品。

[5]指前面这些小诗。

QVID HOC NOVI EST?[1]

uid hoc novi est? quid ira nuntiat deum?
　　silente nocte candidus mihi puer
tepente cum iaceret abditus sinu,
Venus[2] fuit quieta, nec viriliter
5　　iners senile penis extulit caput.
placet, Priape[3], qui sub arboris coma
soles, sacrum revincte pampino caput,
ruber sedere cum rubente fascino[4]?
at, o Triphalle[5], saepe floribus novis
10　　tuas sine arte deligavimus comas
abegimusque voce saepe, cum tibi
senexve corvus impigerve graculus[6]
sacrum feriret ore corneo caput.
vale, nefande destitutor inguinum,
15　　vale, Priape: debeo tibi nihil.
iacebis inter arva pallidus situ,
canisque saeva susque ligneo tibi
lutosus affricabit oblitum latus.
at, o sceleste penis, o meum malum,
20　　gravi piaque lege noxiam lues.

---

[1] 本篇又名Priapeum。
[2] 爱神Venus，指代爱意或者爱情。
[3] Priapus，园艺之神。参见Priapea篇题注。
[4] 见琐记xiii.20注。
[5] Triphallus是Priapus的绰号，这个词的原意是"三倍大小的阳具"。
[6] graculus指Corvus monedula，寒鸦，体型比乌鸦稍小。

新状况

这是什么新状况？
这神明的怒火有什么主张？
雪白的男孩贴着我温暖的胸膛，
寂静的夜晚他在我的怀中躲藏，
可这爱意却一声不响！
这懒散的老玩意抬不起男人的坚强[1]！
这能让你愉悦吗，Priapus啊，
你习惯于大树的荫凉，
葡萄藤围在神圣的头上，
红光满面的你在那闲坐，
你那玩意也是满面红光！
三倍神[2]啊，我们一直关注，
给你戴上不加修饰的鲜花头箍，
而且我们也一直大声驱逐，
老态的黑鸦或是精力充沛的寒乌，
它们用那尖喙啄着你神圣的头颅！
别了，你这可恶的傻屌骗子！
别了，Priapus，我什么都不欠你了！
你将被人遗弃，惨白地倒在地里吃土，
野狗和泥泞的野猪，
在你这烂木头上摩擦着肮脏的腹部！
还有你，你这根可恶的玩意，我的耻辱！
你的恶行将接受公正严苛的法条审读！

---

[1] 原文是抬不起"头颅"。
[2] 见前页注。

licet querare: nec tibi tener puer
patebit ullus, †in tremente† qui toro
iuvante verset arte mobilem natem,
puella nec iocosa te levi manu
25 fovebit adprimetve lucidum femur.
bidens amica Romuli[1] senis memor
paratur, inter atra cuius inguina
latet iacente pantice abditus specus
vagaque pelle tectus annuo gelu
30 araneosus obsidet forem situs.
tibi haec paratur, ut tuum ter aut quater
voret profunda fossa lubricum caput.
licebit aeger angue lentior cubes,
tereris usque, donec, a miser miser,
35 triplexque quadruplexque compleas specum.
superbia ista proderit nihil, simul
vagum sonante merseris luto caput.
quid est, iners? pigetne lentitudinis?
licebit hoc inultus auferas semel:
40 sed ille cum redibit aureus puer,
simul sonante senseris iter pede,
rigente nervus excubet lubidine
et inquietus inguina arrigat tumor
neque incitare cesset usque dum mihi
45 Venus iocosa molle ruperit latus.

---

[1]Romulus，传说中罗马城的缔造者，首代国王。

你就去哭!
没有哪个娇嫩的男孩会为你敞开,
在摇摆的床上,机灵地抖动着他柔软的臀部!
也没有调笑的女孩拿光滑的手给你呵护,
或是用白亮的大腿将你制服!
跟你相配的只有剩下两颗牙的老友,
她让你想起了年老的Romulus,
她黝黑的股间,下垂的腹部,
隐藏着幽暗的洞穴深处,
被这松散的表皮和常年的冰霜所遮掩,
蛛网般的霉腐把门口堵住!
她为你准备就绪,用那深邃的山谷,
三次四次吞下你湿滑的头颅!
你就病恹恹地躺在那里,比蛇还柔软灵活,
你这可怜货,可怜货!你就这样被一直摩挲,
直到变成了三四倍大小,填满了整个漩涡!
只要你把头深入那松软的泥土,
你那自尊心就变得一无是处!
怎么回事,你这懒猪?
这懒意是否让你厌恶?
这次就暂且饶你一回——
但若那金色的男孩归来,
只要一听到他的脚步声,
强烈的爱意就该把你这玩意弄粗,
在下身挺起不屈的膨胀之物,
不准停歇,直到调笑的爱神,
让我柔软的下腹,喷薄而出。

MORETVM[1]

Iam nox hibernas bis quinque peregerat horas
excubitorque diem cantu praedixerat ales,
Simulus exigui cultor cum rusticus agri,
tristia venturae metuens ieiunia lucis,
5   membra levat vili sensim demissa grabato[2]
sollicitaque manu tenebras explorat inertes
vestigatque focum, laesus quem denique sensit.
parvulus exusto remanebat stipite fomes
et cinis obductae celabat lumina prunae;
10   admovet his pronam summissa fronte lucernam
et producit acu stuppas umore carentis,
excitat et crebris languentem flatibus ignem.
tandem concepto, sed vix, fulgore recedit
oppositaque manu lumen defendit ab aura
15   et reserat †clausae†, qua pervidet, ostia clavi.
fusus erat terra frumenti pauper acervus:
hinc sibi depromit quantum mensura patebat,
quae bis in octonas excurrit pondere libras.

---

[1] 有一种说法说这篇是Vergil翻译他的希腊语老师Parthenius的作品，所以很多句子写得直白但是啰嗦。

[2] 不同于比较高的lectus，grabatus比较贴近地面，也比较简陋，是普通平民的睡床。

小菜之歌

寒冬的夜晚刚刚前行了十个小时[1]开外，
值守的鸟儿用歌声预告了白昼的到来，
这小小田地的耕夫，乡下的Simulus，
担心着接下来白天难忍的斋期[2]，
在简陋的板床上缓慢地伸展着四肢；
他小心翼翼地挥手，摸索寂静的黑幕，
终于历尽千辛万苦，找到了那个火炉。
烧过的燃料中残存着小块的木头，
灰烬掩盖了藏在中心的炭火光芒；
他探下头，把油灯斜着靠在炭上，
用拨针把干枯的灯芯拉出，
不断吹气，去唤醒微弱的火光。
这太难了，那火星终于被点燃，
他于是起身，用手护着这光亮，
拿钥匙打开储藏室的门，环顾一周——
地上散着一小堆的谷子，
他把量器盛得满满，
足足有十六磅[3]之重。

---

[1] 原文是"两倍的五小时"。每天日出到日落划分为十二个小时，晚上同理。所以这里距离日出还有两个小时。

[2] 罗马假日里，只有十月四日是纪念谷神Ceres的斋日Ieiunium Cereris。最早五年一次，后Augustus改成每年一次。但是这跟前面说的"冬天"冲突，可能是农夫贫困，冬天白天节食。

[3] 一罗马磅大约329克，这里一共5公斤。原文是"两倍的八磅"。

inde abit adsistitque molae parvaque tabella,
20 　quam fixam paries illos servabat in usus,
lumina fida locat; geminos tunc veste lacertos
liberat et cinctus villosae tergore caprae
perverrit cauda silices gremiumque molarum.
advocat inde manus operi, partitus utroque:
25 　laeva ministerio, dextra est intenta labori.
haec rotat adsiduum gyris et concitat orbem,
tunsa Ceres[1] silicum rapido decurrit ab ictu.
interdum fessae succedit laeva sorori
alternatque vices. modo rustica carmina cantat
30 　agrestique suum solatur voce laborem,
interdum clamat Scybalen[2]. erat unica custos,
Afra genus, tota patriam testante figura,
torta comam labroque tumens et fusca colore,
pectore lata, iacens mammis, compressior alvo,
35 　cruribus exilis, spatiosa prodiga planta.
hanc vocat atque arsura focis imponere ligna
imperat et flamma gelidos adolere liquores.

---

[1]Ceres，即谷神*Demeter*。这里指代谷子。
[2]Scybale是同屋的一个女奴。

然后他起身离开，走到石磨边，

墙上有一块为这专用的小木板，

他就把可靠的油灯置于其上；

他把长袍解开，露出双臂，

穿上多毛母山羊的皮衣[1]，

用它的尾巴清扫石磨[2]的表里。

然后他双手协作：

左手填料，右手干活!

他推动着石磨不停地转圈，

那谷子在压力下飞快地碾磨出来。

有时，左手也会接替它疲劳的姐妹，交换任务。

他唱起山野的清歌，

用农夫的嗓音慰藉他辛苦的劳作，

还不时大声呼喊Scybale。

她是他唯一的随从，来自非洲，

她的外表证明了她的来历：

弯曲的头发，粗大的嘴唇，黝黑的肤色，

宽大的胸膛，下垂的乳房，凹陷的腹部，

细长的腿，却有大而无用的脚板。

他喊她过来，让她在火炉中添柴，

把冰冷的水用火加热。

---

[1]干活的时候长袍可能不方便，但是冬天又太冷，所以披上了羊皮。

[2]罗马的石磨不是两片平的磨盘，而是一般下面的石头（meta）成锥状，上面的石头（catillus）打磨出互补的形状盖在meta上面。然后catillus上打孔插上木制的扶手，用人力或者畜力驱动。

postquam implevit opus iustum versatile finem,
transfert inde manu fusas in cribra farinas
40   et quatit; ac remanent summo purgamina[1] dorso,
subsidit sincera foraminibusque liquatur
emundata Ceres. levi tum protinus illam
componit tabula, tepidas super ingerit undas,
contrahit admixtos nunc fontes atque farinas,
45   transversat durata manu liquidoque coacta,
interdum grumos spargit sale. iamque subactum
levat opus palmisque suum dilatat in orbem
et notat impressis aequo discrimine quadris.
infert inde foco — Scybale mundaverat aptum
50   ante locum — testisque tegit, super aggerat ignis.
dumque suas peragit Vulcanus[2] Vestaque[3] partes,
Simulus interea vacua non cessat in hora,
verum aliam sibi quaerit opem, neu sola palato
sit non grata Ceres, quas iungat comparat escas.
55   non illi suspensa focum carnaria iuxta
durati sale terga suis †truncique† gravabant,
traiectus medium sparto sed caseus orbem
et vetus adstricti fascis pendebat anethi[4]:
ergo aliam molitur opem sibi providus heros.

---

[1]purgamina原指Vesta神庙中每年扫出来的灰尘和余烬，象征着净化与祛灾。这里指代留在筛子上面的小石子等杂物。

[2]Vulcanus是锻冶之神，也是火神。

[3]Vesta是炉灶之神。在罗马有她的神庙，火种常年不熄。

[4]anethum指Anethum graveolens，中文叫莳萝，一种香料植物。一说是Pimpinella anisum，中文叫茴芹或西洋茴香，与茴香有类似的香味。参见《牧歌集》II.48。

石磨的转动很快填满了有限的空槽，

他于是用手把面粉倒出，

再用筛子摇晃着筛了一遍。

脏物被留在筛子上，

干净的纯面粉从筛洞中像水一样流下。

他马上把面粉放上光滑的木板，

倒上温热的水，把水和面混合，

他把面团揉起，靠手力和水分让它粘成一团，

偶尔还撒了一点盐。

他把成品弄光滑，然后用手掌压伸成圆盘状，

在上面压出痕迹，分成均等的四分。

他然后把饼皮移到炉子里，

（Scybale已经清理出一块合适的区域,）

用陶片盖好，再在上面盖上炭火。

正当Vulcanus和Vesta在把自己的工作照看，

Simulus也没有闲着懒散，

他在准备另外的配菜与她[1]作伴，

这样那可爱的Ceres在盘中也不会孤单。

火炉旁，熏肉架上没有剩多少变硬的盐腌猪肉，

无论是背部还是大腿，都没有！

但是挂着一块圆形的奶酪，

中间有一根绳子穿过系牢，

还有先前那成捆的莳萝条，

于是远见的英雄发现了另一处珍宝。

---

[1]指Ceres，即下行的面饼。

60   hortus erat iunctus casulae, quem vimina pauca
        et calamo rediviva levi munibat harundo,
        exiguus spatio, variis sed fertilis herbis.
        nil illi deerat quod pauperis exigit usus;
        interdum locuples a paupere plura petebat.

65   nec sumptus ullius †erat sed† recula[1] curae:
        si quando vacuum casula pluviaeve tenebant
        festave lux, si forte labor cessabat aratri,
        horti opus illud erat. varias disponere plantas
        norat et occultae committere semina terrae

70   vicinosque apte circa summittere rivos.
        hic holus[2], hic late fundentes bracchia betae[3]
        fecundusque rumex[4] malvaeque[5] inulaeque[6] virebant,
        hic siser[7] et nomen capiti debentia porra[8]
        grataque nobilium requies lactuca[9] ciborum,

75   ...[10] crescitque in acumina radix[11]
        et gravis in latum dimissa cucurbita[12] ventrem.

---

[1] 一作regula。

[2] holus可以指各种蔬菜，比如包菜或者油菜。

[3] beta指Beta vulgaris，甜菜。

[4] remex指Rumex acetosa，俗名叫酸模，一种草本植物，有酸味。又名蓫
或者蕵芜。尔雅释草：须，蕵芜。

[5] malva指锦葵。部分品种如Malva verticillata葵菜可以食用。

[6] inula即Inula helenium，中文名为土木香。

[7] siser指Sium sisarum，一种泽芹。

[8] porrum这里指Porrum capitatum，也叫Allium vineale，中文为葡萄葱，
顶部是很特别的黑红色花苞。

[9] lactuca指Lactuca sativa，生菜。

[10] 这行前部缺文。

[11] radix指radish，中文一般称为樱桃萝卜或者小萝卜。

[12] cucurbita即葫芦。

农舍边上有个小花园，

三两的柳树成荫，

轻盈的芦苇环绕，

空间不大，茂盛绿植却也不少。

穷人家的生活所需，一样也不缺，

富人家还得偶尔来穷人家讨！

这小农舍只需他的细心呵护，

其他什么都不需要：

若是暴雨或者节日让他白天在家，

或是铁犁不需要费很大的力气，

他就把时间都用在花园里。

他知道如何种植各种的幼苗，

他了解怎么把种子播入深槽，

他明白怎样将临近的小河正确引导。

这里有包菜，

这里有枝叶伸展的甜菜，

还有繁盛的酸模，

绿意盎然的锦葵和土木香，

这里有泽芹，

还有因头部命名的葡萄葱，

还有那生菜，饱食之后可以解腻，

小萝卜长出尖头，

沉重的葫芦，肚子开始胀大。

verum hic non domini — quis enim contractior illo?
sed populi proventus erat, nonisque diebus
venalis umero fasces portabat in urbem,
80   inde domum cervice levis, gravis aere redibat
vix umquam urbani comitatus merce macelli.
cepa rubens sectique famem domat area porri
quaeque trahunt acri vultus nasturtia[1] morsu
intibaque[2] et Venerem revocans eruca[3] morantem.
85   tum quoque tale aliquid meditans intraverat hortum;
ac primum leviter digitis tellure refossa
quattuor educit cum spissis alia fibris,
inde comas apii[4] graciles rutamque[5] rigentem
vellit et exiguo coriandra[6] trementia filo.
90   haec ubi collegit, laetum considit ad ignem
et clara famulam poscit mortaria voce.
singula tum capitum nodoso corpore nudat
et summis spoliat coriis contemptaque passim
spargit humi atque abicit; servato gramine bulbum
95   tinguit aqua lapidisque cavum demittit in orbem.

---

[1]nasturtium指Nasturtium officinale，一种水生植物，中文叫西洋菜，别名豆瓣菜，有辣味。

[2]intibum即菊苣，味苦。参见《农事诗》I.120。

[3]eruca即芝麻菜。

[4]apium即欧芹。

[5]ruta即Ruta graveolens，中文为芸香。

[6]coriandrum即Coriandrum sativum，芫荽，叶和籽都可以作为香料。

这些出产可不单是给主人自己，
而是拿去给其他人——
谁又比他更加节俭？
每九天他就用肩担着货物进城，
而回家的时候，钱包变重，脖子变轻，
几乎不用带回城里市场的商品。
那红洋葱和切碎的葡萄葱，足以饱腹，
还有豆瓣菜那尖锐的味道，让人皱眉，
芝麻菜和菊苣，唤起了滞后的爱意[1]。
想着这些事情，他移步到了花园；
他用手指轻轻拨开土壤，
挖出四颗包裹紧密的大蒜，
他摘下纤细的欧芹叶，坚挺的芸香，
还有芫荽，在细长的茎秆上摇晃。
收集完这些香草，他回到欢乐的火炉旁，
喊着女奴把石臼拿来。
他把每个蒜瓣从紧致的外衣上剥掉，
然后褪下外层的硬皮，随意丢在地表；
他把蒜瓣和之前保存的香草料[2]，
蘸水之后一起丢进圆形的石臼凹槽。

---

[1]这句读不懂，可能是说回味苦。
[2]大概是前文他看见烤炉边的莳萝，可能已经干了，所以加了水分。

his salis inspargit micas, sale durus adeso
caseus adicitur, dictas super ingerit herbas,
et laeva pilam[1] saetosa sub inguina fulcit,
dextera pistillo primum fragrantia mollit
100   alia, tum pariter mixto terit omnia suco.
it manus in gyrum: paulatim singula vires
deperdunt proprias, color est e pluribus unus[2],
nec totus viridis, quia lactea frusta repugnant,
nec de lacte nitens, quia tot variatur ab herbis.
105   saepe viri nares acer iaculatur apertas
spiritus et simo damnat sua prandia vultu,
saepe manu summa lacrimantia lumina terget
immeritoque furens dicit convicia fumo.
procedebat opus; nec iam salebrosus, ut ante,
110   sed gravior lentos ibat pistillus in orbis.
ergo Palladii[3] guttas instillat olivi
exiguique super vires infundit aceti
atque iterum commiscet opus mixtumque retractat.
tum demum digitis mortaria tota duobus
115   circuit inque globum distantia contrahit unum,
constet ut effecti species nomenque moreti.

---

[1] 一作vestem。
[2] 美国的国玺和绝大多数硬币上都印有 "e pluribus unum"。
[3] Pallas是女神*Athena*即罗马神话Minerva的别名。这里指她最喜欢的橄榄油。

他撒入一小撮的盐，

盐化了之后又加入坚硬的奶酪，

在上面盖上之前提到的各种香草[1]。

左手把石臼抱在多毛的胸口，

右手用杵子先把香味浓郁的大蒜捣碎，

然后再把所有的东西混着汁液搅拌均匀。

他的手转着圈，

各种材料逐渐放下了自己的身段，

多种颜色混合成一个色团，

既不是纯的绿色，因为奶色一直在阻拦，

也不是牛奶的亮白，因为被绿叶所浸染。

尖锐的味道一直刺激着他毫无遮掩的鼻孔，

他皱着眉咧着嘴，向自己的早餐兴师问罪，

他不时用手背，擦去眼中的泪水，

大声咒骂起无辜的烟灰[2]。

搅着搅着，杵子也不像刚开始那样感到粗糙不均，

而是变得更加沉重，自然转圈也就慢了下来。

滴上几滴Athena钟爱的橄榄油，

再倒入少量味道浓郁的醋，

重新搅拌加以混合。

最后他用两根手指沿着石臼壁抹过，

把分散的酱泥拢成一团，

于是就得到了名副其实的moretum[3]。

---

[1]这里大概是之前院子里摘的。

[2]这是炉子中炭火的烟。

[3]原文比较拗口，大意是"得到了完成的moretum，无论是样子还是名字"。

eruit interea Scybale quoque sedula panem,
quem laetus recipit manibus, pulsoque timore
iam famis inque diem securus Simulus illam

120   ambit crura ocreis paribus tectusque galero
sub iuga parentis cogit lorata iuvencos
atque agit in segetes et terrae condit aratrum.

与此同时，勤快的Scybale也拿出了烤好的面饼，
Simulus开心地用双手接了过来，
对饥饿的恐惧感也就烟消云散。
白天的来临，他不再担忧，
绑好一对护胫的腿，戴好小小皮帽的头，
唤出用轭相连，听话的小公牛，
去田野里，让土地把铁犁接受。

DE INSTITVTIONE VIRI BONI

Vir bonus et sapiens, qualem vix repperit unum
milibus e cunctis hominum consultus Apollo,
iudex ipse sui totum se explorat ad unguem.
quid proceres vanique levis quid opinio volgi

* * * *

5 securus, mundi instar habens, teres atque rotundus,
externae ne quid labis per levia sidat.
ille, dies quam longus erit sub sidere Cancri[1]
quantaque nox tropico se porrigit in Capricorno[2],
cogitat et iusto trutinae se examine pendit,
10 ne quid hiet, ne quid protuberet, angulus aequis
partibus ut coeat, nil ut deliret amussis[3],
sit solidum quodcumque subest, nec inania subter
indicet admotus digitis pellentibus ictus,
non prius in dulcem declinans lumina somnum,
15 omnia quam longi reputaverit acta diei:
qua praetergressus, quid gestum in tempore, quid non?
cur isti facto decus afuit aut ratio illi?
quid mihi praeteritum? cur haec sententia sedit
quam melius mutare fuit? miseratus egentem
20 cur aliquem fracta persensi mente dolorem?

---

[1]Cancer，巨蟹座。夏至时太阳刚进入巨蟹宫。
[2]Capricornus，魔羯座，与巨蟹座正对面，所以冬至时太阳在摩羯宫。
[3]这是木工活用的尺子或者准绳等器具。

君子之道

就连那学识广博的Apollo，他这样有智慧的好人，
都几乎没法从一千人里面挑出一个，
能像法官一样从头到脚仔细地审视自己[1]。
无论贵族，还是无知大众不重要的想法，

* * * *

没有烦恼，像地球一样，又圆又滑，
表面不会让哪怕一点灰尘落在上边。
他会考虑，巨蟹座下的白天会有多长，
还有太阳回归时[2]，魔羯座下的黑夜会延伸多久，
他在公正的天平上检查自己，
没有缺陷，也没有突出的特点；
每个角都很平均地分布，不会偏离规矩，
每个表面下面都很扎实，被手指戳也不会露出空洞；
而在把眼睛交给甜蜜的睡意之前，
他都要回顾下漫长的白天，经历的所有事件：
它们是如何发生，哪些按时完成，哪些没有完成？
为何他的行为有所缺陷[3]，又是何事引起？
我是否忽视了什么？
为什么这个需要纠正的主意保留了下来？
带着遗憾的我，是否理解了别人破碎的心灵？

---

[1]原文是"仔细到指甲"，原来是石匠的用语，表示对雕像每个细节都用指甲扣过。

[2]即冬至时。

[3]原文是"没有荣耀"。

quid volui quod nolle bonum foret? utile honesto
cur malus antetuli? num dicto aut denique voltu
perstrictus quisquam? cur me natura magis quam
disciplina trahit? sic dicta et facta per omnia
25   ingrediens ortoque a vespere cuncta revolvens
offensus prauis dat palmam et praemia rectis.

我是否在追求那些不该追求之事[1]？
我为什么错误地把"实用"置于"品德"之前？
有人是否最终被我的言辞或者表情所愚弄？
为什么世间有如此多的诱惑[2]！
如此，他历遍了一切所说所做，
回顾了从清晨到黄昏的所有纰漏，
跟恶习脱钩，与善良牵手。

---

[1]原文是"不去追求才好"。
[2]原文是"为什么大自然用比'自律'更多的东西拉扯着我"。

DE EST ET NON

'st' et 'non' cuncti monosyllaba nota frequentant.
his demptis nihil est, hominum quod sermo volutet.
omnia in his et ab his sunt omnia, sive negoti
sive oti quicquam est, seu turbida sive quieta.

5   alterutro pariter non numquam, saepe seorsis
obsistunt studiis, ut mores ingeniumque,
et facilis vel difficilis contentio nata est.
si consentitur, mora nulla intervenit 'est, est':
sin controversum, dissensio subiciet 'non'.

10 hinc fora dissultant clamoribus, hinc furiosi
iurgia sunt circi, cuneati hinc †laeta† theatri
seditio, et tales agitat quoque curia lites.
coniugia et nati cum patribus ista quietis
verba serunt studiis salua pietate loquentes.

15 hinc etiam placitis schola consona disciplinis
dogmaticas agitat placido certamine lites.
hinc omnis certat dialectica turba sophorum.
†estne dies, est ergo dies? non convenit istuc.

是非之事

"是"与"非"这两个词[1]被广泛使用，
若没了它们，人类的语言就没法运转。
所有的语言都是由它们而生，因它们而存在，
无论是工作[2]还是闲暇，
无论是安静还是喧哗。
比如天性与道德，有时候平起平坐，
但经常会有矛盾，于是就有了或难或易的冲突。
如果达成一致，那毫不迟疑就会有"是啊，是啊"；
但如果还是有争议，那分歧就会带来"非也"。
于是乎，广场上喧哗如雷，
于是乎，竞技场[3]聒噪不停，
剧院观众席上传来欢乐的吵闹，
元老院里也充斥着同样的狂潮！
丈夫，妻子和孩子，
用虔诚的话语和不灭的热情，
播种了安静的言辞。
于是还有和谐的校园，愉快的讲座，
引发关于学术的争议，平和的论战。
于是有了智者逻辑严谨关于万物的争论。
这是一天吗？所以这是一天吗？
这些问题并不一样。

---

[1]原文是"单音节的词"。
[2]原文是"生意"。
[3]即比赛双轮马车的长条形赛车场。

nam facibus multis aut fulgoribus quotiens lux
20 est nocturna homini, non est lux ista diei.
est et non igitur, quotiens lucem esse fatendum est,
sed non esse diem. mille hinc certamina surgunt,
hinc pauci, multi quoque, talia commeditantes
murmure concluso rabiosa silentia rodunt.
25 qualis vita hominum, duo quam monosyllaba versant!

对人类来说，有很多火炬或是光亮[1]带来的夜晚之光，
对白天而言，却没有如此的光芒。
是或不是，总之要承认存在着"光"，
但那并不是所谓的"白天[2]"。
由此，少数人产生了千样的高谈阔论，
与此同时，多数人也在那里苦思冥想，
他们窃窃私语，如同激烈而安静的啃食。
人生啊，被这两个词[3]搅得天旋地转！

[1]fulgor这个词可以指闪电，或者其他发光的东西。
[2]这里大概是说"光"是一种实体，但"白天"没有实体，只是概念。
[3]原文是"单音节的词"。

DE ROSIS NASCENTIBVS[1]

Ver erat et blando mordentia frigora sensu
    spirabat croceo mane revecta dies;
strictior Eoos[2] praecesserat aura iugales,
    aestiferum suadens anticipare diem.

5   errabam riguis per quadrua compita in hortis,
    maturo cupiens me vegetare die.
vidi concretas per gramina flexa pruinas
    pendere aut holerum stare cacuminibus,
caulibus et patulis teretes conludere guttas

10   * * * *

vidi Paestano[3] gaudere rosaria cultu
    exoriente novo roscida Lucifero[4].
rara pruinosis canebat gemma frutectis
    ad primi radios interitura die.

15   ambigeres raperetne rosis Aurora ruborem
    an daret et flores tingeret orta dies.
ros unus, color unus, et unum mane duorum:
    sideris et floris nam domina una Venus.

---

[1]也有学者将此诗归给四世纪的诗人Ausonius。

[2]*Eos*（即Aurora）是神话中的曙光女神，这里Eous指代她的兄弟，太阳神*Helios*（即Sol）的马。传说每天早上*Eos*打开天国的大门，然后太阳神驾着马车划过天空。

[3]Paestum城在Italia南部，以两度开花的蔷薇闻名。

[4]*Lucifer*即晨星，参见琐记篇ix.25注。

蔷薇绽放

春天来临，刺骨的寒意带着柔情吐气，
迎接着回归的白昼，藏红色的晨曦；
紧致的微风引领着共轭的马匹，
温热的白天，随之来袭。
我穿过四角的街巷，在温润的花园闲步，
期望这晨光，可以让我活力十足。
我见到，
压弯的草地都挂满了冰霜，
蔬菜的叶尖也是一片冰凉，
圆润的水珠在宽大的茎叶上一起嬉闹，

* * * *

我见到，
Paestum人打理的蔷薇园在欢庆，
带着朝露，迎接那新升的启明星。
珍贵的宝石在结霜的树丛间歌唱，
即将消逝于每天那第一束的光芒。
你还会畅想，
曙光女神是否会来采摘蔷薇的红颜，
晨曦是否会给花朵染上阳光的思念。
一抹朝颜，一片白露，
两个人的早晨：
启明星的女神[1]，蔷薇花的女神，
啊，其实是一人，Venus!

---

[1]罗马人认为晨星是Venus之星。

forsan et unus odor: sed celsior ille per auras

20   difflatur, spirat proximus iste magis.

communis Paphie[1] dea sideris et dea floris

praecipit unius muricis[2] esse habitum.

momentum intererat quo se nascentia florum

germina comparibus dividerent spatiis.

25   haec viret angusto foliorum tecta galero,

hanc tenui filo purpura rubra notat,

haec aperit primi fastigia celsa obelisci,

mucronem absolvens purpurei capitis.

vertice collectos illa exinuabat amictus,

30   iam meditans foliis se numerare suis.

nec mora: ridentis calathi patefecit honorem,

prodens inclusi stamina densa croci.

haec, modo quae toto rutilaverat igne comarum,

pallida conlapsis deseritur foliis.

35   mirabar celerem fugitiva aetate rapinam,

et dum nascuntur consenuisse rosas.

ecce et defluxit rutili coma punica floris

dum loquor, et tellus tecta rubore micat.

tot species tantosque ortus variosque novatus

40   una dies aperit, conficit ipsa dies.

---

[1]Paphos城，参见琐记xiv.2注。这里指代Venus。

[2]murex即骨螺，指代骨螺紫，也叫Tyre紫或者皇家紫。

它们还带着一样的芳香：
只是更高的那个[1]，会在天空中消散，
而靠近我们的那个，吐息着更浓郁的花团。
星星与花朵的共同女神，Venus，
要求它们身着统一的紫装！
然后有那么一个时刻，
宝石般的花蕾，突然把自己等分成几瓣！
这朵，在细长的绿叶掩盖下绽放，
这朵，身上有纤细的红紫色丝网，
这朵刚刚打开花苞的顶端，露出紫色的尖芒。
她把贴身的衣裳慢慢从漩涡中解放，
在自己的叶子[2]里把迷人的身段欣赏；
她毫不迟疑，打开欢笑的花瓣盛装，
露出紧密的金色[3]花蕊，在时间中流淌。
这朵的花冠刚刚才染透火红的色彩，
却遭凋落的叶子所抛弃，变得惨白！
我看着这新生的蔷薇，老去的模样，
惊讶于被瞬间偷走的，飞逝的时光。

你看！就在我说话的时候，
金红色的花朵，紫色的花瓣已然飘落，
大地被紫红所覆盖，闪耀着点点斑驳。
如此多姿多彩，如此多种多样，
同一天绽放，同一天消亡！

---

[1] 指启明星。
[2] 大概指花萼。
[3] 原文是"藏红花色"。

conquerimur, Natura, brevis quod gratia florum:
　　ostentata oculis ilico dona rapis.
quam longa una dies, aetas tam longa rosarum,
　　quas pubescentes iuncta senecta premit.
45　quam modo nascentem rutilus conspexit Eoos[1],
　　hanc rediens sero Vespere[2] vidit anum.
sed bene quod paucis licet interitura diebus
　　succedens aeuum prorogat ipsa suum.
collige, virgo, rosas dum flos novus et nova pubes,
50　et memor esto aevum sic properare tuum.

---

[1]疑为Eous之误。可以指晨星或者指代太阳，但是晨星昏星不可能在同一天看到，所以只能是太阳。
[2]Vesper，昏星。

大自然啊，我们哀叹——
花朵的韶华如此短暂!
这礼物刚进入我们的视线，
就马上被你摧残[1]!
这一天的时间，就是蔷薇一生的岁月，
把青春连同衰老，一起谱写。
这金色的阳光在早上看着她的新生，
在黄昏迟来时却见到一株枯花老藤[2]。
庆幸的是，虽然几天内稍纵即逝，
但接下来，她们还会将延续永恒。
小姑娘啊，
要趁蔷薇花还新鲜，你就要采摘，
同样趁青春年少，就要抓紧未来，
记住，你的一生，就是如此飞快。

---

[1] 原文是"夺走"。
[2] 原文是老妇人。

References and Translator's Notes

i. References

- *Appendix Vergiliana*, Clausen, Goodyear, Kenny and Richmond, 1966, Oxford Classical Texts (1966OCT)
- *Virgil, Vol II, Aeneid VII-XII, The Minor Poems*, Fairclough, 1934, Loeb Classical Library
- *Minor Latin Poets*, Duff, 1934, Loeb Classical Library
- *Aetna: A new translation based on the text of F.R.D.Goodyear*, Hine, 2012, Studies in History and Philosophy of Science 43, 316-325
- *Ciris, A Poem from the Appendix Vergiliana*, Kayachev, 2020, The Classical Press of Wales (2020K)
- *Appendix Vergiliana: Lateinisch-deutsch*, Rupprecht et al., 2020, Sammlung Tusculum (2020ST)
- *Appendix Vergiliana*, Consalvi, 2020, online catelogue available at *www.appendixvergiliana.org*

For the Latin text, I followed the most-commonly accepted version from Oxford Classical Texts (1966OCT), together with a more modern Sammlung Tusculum edition (2020ST), but sometimes decided individual wordings and line arrangements by my own discretion.

Speaking of the translations, the best so far I can ever find is 2020ST in German. It follows very closely to the original text, and it only omits the last three minor poems. The footnotes in both Loeb Classical Library volumes are very helpful as well, and they together cover most of 2020ST's range.

The manuscripts of both *Aetna* and *Ciris* are so corrupt that I need to use more modern translations with updated editions. Consalvi's online catalogue helped a lot in finding these references.

ii. Notes on the Poems

I need to emphasize that, in the following discussion, I would like to express my own opinion regarding each individual poem in the *Appendix*, based on comparison with my experience translating *the Georgics* and *the Eclogues*. I excluded *the Aeneid* because I haven't had experience translating it and it is a later representation of the poet, whereas the *Appendix* was once believed to be his juvenilia.

Aetna   This work is almost for sure non-Vergilian. The word choices feel more "modern" compared to Vergil, but of course "modern" here means relatively close to us, say the first century onward. However, the author also mentioned that one wants to go aboard to see some great art works, some of which had been retrieved by Julius Caesar and Augustus to Rome, and among them *Venus Anadyomene* was probably destroyed by Nero (reigning AD 54-68). There is also a clear indication of the imperial system (217-218), which is very unlikely by the young Vergil. Overall, we seem to have difficulty dating it, as the text conflicts itself. Well, it's therefore highly possible that the poem was written in parts at different times by different authors (Vergil could be one of them), and then later put together as one piece.

The scientific thoughts in the poem are very impressive relative to the date it was written. Possibly influenced by some Greek philosophers, the author rejected mythological origins and modeled an almost correct theory of volcanic eruptions (he missed the true source of the underground pressure, and incorrectly identified the "fuel" of volcanoes.) This feels vastly different from, for example, Vergil's own treatment of Aetna in *Georg*.IV.170-175. It also laughs at authors who wrote stories about visiting the underworld, and we all know Vergil had catabases in *the Georgics* and *the Aeneid*, and *Culex* is also a catabasis, in a strange way (at least this shows *Culex* and *Aetna* cannot be written by the same author).

It is a pity that *Aetna* in its current state is too much corrupted. Well, it happens. As I remember, I made more than ten mistakes simply copying two thousand lines of *the Georgics* and even switched a couple of lines. Within fifteen hundred years of hand-written copies, time can change everything. So I tried to stick to the literal meaning of the words in a lot of places, ignoring the rhyming rules I have been following, to avoid altering the original by my own understanding.

Culex   It does not feel like a good poem in any standards. The poem shows a few pastoral themes at the beginning and towards the end, but except for the scene where a goat is looking at its own reflection, it is otherwise quite plain. The people (souls) in the underworld are even worse — they feel like flat cupboards standing there. Ironically, some of those souls do not represent true "living" souls in the underworld, but only represent their past, as living human beings. I know what you are going to say — We don't really know how souls in the underworld work. But, *can't they just talk?* I had always thought about this while I was translating. Well, it is true no one would talk to a gnat, and maybe the author deliberately made it this way? I don't know.

I feel relatively confident (myself) that this is more like a *pseudepigraph*, i.e., written by a later poet to mimic Vergil's works by putting some common elements together: The first word *lusimus* has probably hinted this, though the author could have *ludere* in mind as in *Ecl*.VI.1.

Dirae and **Lydia** They seem to be a pair. *Dirae* starts with hate and ends with love, and *Lydia* is basically the opposite, starting from love and ending with hate. They are the closest to *the Eclogues* in the sense that I hardly struggle through the text: The compelling emotions, the various mixtures of love and hate, flow like breezes, running from the surface of the book pages, headlong onto my face. In comparison, the little gnat (*culex*) shows not much human-like emotions (well, it is a gnat after all).

I wouldn't be surprised if someone claims that they were written by Vergil himself. In fact, I myself find them perfect candidates of the eleventh and the twelfth of *the Eclogues*.

Moretum The story is straightforward, and it has its own merit of keeping a precious record of an ancient recipe and an ancient life style for the lower class. I can hardly find anything Vergilian throughout the text in terms of translations, and the *information density* is relatively low: On average I need about 1.3 to 1.5 lines per hexameter in my translations of Vergil; For *Moretum* the ratio is down to 1 to 1.1 roughly, which implies that the author is using more than necessary words, or multiple words to express almost the same idea — for example, Simulus tried to blow the "flame" and the "fire" was "ignited" and he was protecting the "light" using his "hand" from the "breeze". As you see, the density of useful information is very low. In contrast, Vergil himself was very restrained in using "junk" words.

The recipe, however, is every genuine. This kind of *pesto* is very common throughout the ages. Nowadays people probably use more olive oil to make it like a dipping sauce, whereas in the poem, or during old times, it was more compact and looked like a spread, according to the description. The list of herbs in this 122-line poem matches the whole *Eclogues* in its variety. The descriptions of hand-milling of the corns, making doughs and baking breads are informative and vivid.

I wish I could use fresh stone-milled flour to make fresh-baked bread for our breakfast — thus claims my lovely wife.

Ciris This is the most confusing work among the poems in the *Appendix*. On one hand, it clearly distinguishes the sea-bird Scylla with the sea-monster Scylla in *the Odyssey*, and one needs to recall that Vergil himself seems to be confused in *Ecl*.VI.74. On the other hand, I totally agree with Kayachev's opinion [2020K] that it appears to be the real source of a number of lines in *the Georgics* and *the Aeneid*. Regardless of its real author, we run into the conclusion that Vergil copied from *Ciris* and consequently knew it before he wrote *the Georgics*, and so he should be aware of the apparent mistake in *the Eclogues*.

This dilemma can be explained by the following story. I have to emphasize that this is just an imaginary story, but I feel it is probably one of the most logical ones to solve the dilemma. Say Vergil had published *the Eclogues* confusing the two Scyllas. Then someone pointed out to him that Nisus' daughter Scylla is different from the sea-monster Scylla, and so he felt a bit ashamed. However, during old times, there was no easy way to make minor changes when the text had been in circulation. So he decided to write *Ciris* to explain the differences between two Scyllas, but later decided not to publish it (well, he has extremely high standards — that we all know). However, he recycled a number of lines from it in *the Georgics* and *the Aeneid*, albeit unnaturally.

Therefore I personally believe that *Ciris* is a genuine work by Vergil himself. It is not perfect, but shows a different approach by the poet.

Copa This 19-couplet poem is packed with so much information: dance, attire, music, tavern, season, weather, flowers, shadows, wine, food, glassware, girls and a goddess. It is a vivid representation of an uncommon subject in ancient literature, and stands clearly just by this merit.

The author is an expert in expressing sounds: Here within 38 lines, you can experience four or five musical instruments, voices of singers, streaming of wine from jars, crickets, and finally, whispers of a goddess by your own ear. It almost feels like you were sitting or lying down there on a couch, and enjoying the wine with all the food and all the music.

While you were enjoying all such elements, Mors, the Goddess of Death, came to your side and whispered by your ear, with a soft, beautiful voice. For a brief moment, you might think it was like one of those girls in the tavern seducing you into more squandering activities, but these two words instead gave you a shivering, a sudden shock, just as when you wake up deep in the dark night from a lucid nightmare, faintly distinguishing the boundary between the reality and the dream. I mean, this is amazing.

Elegiae in Maecenatem Part of it could be written by Vergil to defend Maecenas from attacks by his political enemies. In fact, there is a sudden change from second-person to third-person while addressing Maecenas around line 23 and then it switches back at line 107. The text within could be a separate work.

Quid hoc novi est? I feel that the translation of this little poem renders the best such among all poems in the *Appendix*, in terms of its smoothness and the approximation to the original humorous tongue. I hardly struggle to find words to rhyme: We have way more slangs and implicit expressions for our sexual business than the scientific terms for Aetna's volcanic activity, despite the subtle similarities between the two.

De instituitione viri boni, **De est et non** and **De rosis nascentibus** The first two are rather short essays of some critical thinking: how to be a good man, and how our language has influenced our life. The last one is a pretty neat poem regarding life and death. All these are nowadays accredited by most scholars to Ausonius, a fourth-century Roman poet, and they indeed read non-Vergilian. I decided to include them here because they once belonged to the *Appendix*, and *De rosis nascentibus* is a piece of strikingly moving literary work that deserves more recognition.

Catalepton and **Priapea** The word *Catalepton* probably came by accident and a better name is *Epigrammata*. Only a few are straightforward, and most of them contain bigger myths lost in the history and hidden deeply beneath the words.

Catal.xv claims Vergilian authorship of the whole collection, but such claim is highly questionable. My impression is that, these poems were possibly from different sources (few, if any, could be genuine) and were grouped together by a later editor. It's almost impossible to tell, from our viewpoint, the authenticity of each poem. This is especially true for the shorter ones, but I personally find Vergil's soul in *Priapea* i and iii, *Catalepton* iv, v, vi, ix, xi and xii. Again, this is only my personal opinion through translating the lines.

iii. Final Remarks

In addition to these poems, there is also an epitaph couplet traditionally believed to be written by Vergil himself:

> *Mantua*[1] *me genuit, Calabri*[2] *rapuere, tenet nunc*
> *Parthenope*[3]. *cecini pascua rura duces.*

Mantua赐我光芒,
Calabria把我捆绑,
如今Parthenope将我埋葬;
我歌唱牧场, 歌唱田荒, 歌唱君王。

Despite the inconclusive arguments over their authorship, the poems here in *Appendix Vergiliana* follow the same theme: *We live, we die, and we sing our world.*

---

[1]Vergil was believed to be born in the village of Andes, a few miles south of Mantua.

[2]Calabria refers to lower Italian peninsula. Vergil died in Brundisium (modern day Brindisi) in the area.

[3]Parthenope is the name of a siren buried in Naples, which is then called Parthenope. See *Georg*.IV.564. Vergil was buried here as well.

Index